Joanne Foucher

Unsere heimischen Göttinnen neu entdecken

Joanne Foucher

Unsere heimischen Göttinnen neu entdecken

Bücher haben feste Preise.
2. Auflage 2021

Joanne Foucher
Unsere heimischen Göttinnen neu entdecken

Titelseite:
Illustrationen: Meraylah Allwood, www.meraylah.co.uk
Gestaltung: Dragon Design, GB

Satz und Gestaltung:
Dragon Design, GB
Gesetzt aus der ITC Galliard

Gesamtherstellung: Appel & Klinger, Schneckenlohe
Printed in Germany

ISBN 978-3-89060-767-2

Neue Erde GmbH
Cecilienstr. 29 · 66111 Saarbrücken
Deutschland · Planet Erde
www.neue-erde.de

Inhalt

Einleitung – Was für eine Göttin ist das?

Die Göttin ist lebendig und kraftvoll. Als ich im Alter von dreizehn Jahren zum ersten Mal Marion Zimmer Bradleys *Die Nebel von Avalon* gelesen habe, war mir klar, womit ich mein Leben verbringen wollte: Ich wollte Priesterin von Avalon werden, Teil einer Schwesternschaft sein und der Göttin dienen. Ich glaube, dass ich bereits damals irgendwo im Roman gelesen habe, dass die Göttin Tausend Namen und Tausend Gesichter hat. Das habe ich tief in meinem Herzen sofort verstanden. Und ich wollte mehr herausfinden.

Im südlichen Niedersachsen, wo ich aufgewachsen bin, fiel es mir zunächst schwer, die Göttin zu spüren. Das fiel mir leichter in Ländern und Regionen, deren Göttinnen noch nicht ganz so weit in den Nebeln verschwunden waren. Ich verbrachte meine Ferien jedes Jahr bei meinen Großeltern in der Bretagne und suchte die Göttin in der Landschaft, in den Steinreihen von Carnac, im Meer, in den Legenden der Bretagne und ihrer traditionellen Musik. Nach dem Abi ging ich für ein Jahr nach Irland, um mehr über die inselkeltischen Göttinnen zu erfahren. Meine Lehrerin Kathy Jones sagte uns ganz am Anfang meiner Priesterinnenausbildung in Avalon folgenden Satz: »Niemand braucht eine Priesterinnenausbildung. Geht hinaus auf das Land, dort werdet ihr alles lernen.« Ich lernte in Irland wie in der Bretagne, die Göttinnen im Land zu finden, aber auch durch die Begegnung mit anderen Menschen, die die Göttin verehren. In Irland hörte ich zum ersten Mal von der *Glastonbury Goddess Conference*, und da ich um die Verbindung von Avalon mit Glastonbury wusste, war der Wunsch geboren, dort hinzufahren. Aber das sollte noch ein paar Jahre dauern.

Wieder in Deutschland wollte ich herausfinden, welche Göttinnen in dem Land, in dem ich lebte, verehrt worden waren. Bedingt durch mein Elternhaus und mein Umfeld, wurde ich dabei zunächst maßgeblich von meinem Kopf gelenkt. So ist die Archäologie ein wesentliches Werkzeug für mich, mehr über die Göttin herauszufinden. Die paläolithischen (altsteinzeitlichen) Figurinen lehren uns, dass in allen Kulturen auf der ganzen Welt am Anfang der Religion die Göttin steht. Sie durchdringt mit ihrer schöpferischen und transformierenden Kraft alles. Später in der Kulturgeschichte wird sie aufgespalten in Abertausende Göttinnen und erhält viele unterschiedliche Namen.

Später werden Götter erfunden, zunächst ihre Söhne, dann ihre Gefährten; auf sie werden Kräfte übertragen, die anfangs ihr zugehörig waren. Zur Zeit der Griechen und Römer ist die ursprünglich mächtige und souveräne Göttin bereits herabgewürdigt: zu Töchtern und Ehefrauen männlicher Götter, die als wichtiger und stärker gelten. Mit dem Monotheismus von Judentum, Christentum und Islam ist die Göttin beinahe gänzlich verschwunden. Spuren finden sich durchaus noch in Shekinah, Sophia, Lilith oder Maria, doch die Kraft der Großen Göttin ist beschränkt und verformt.[1]

Vor allem aufgrund der genauen Überlieferungen des römischen Pantheons neigen wir dazu zu fragen: »Von was ist dies die Göttin?«, wenn uns Göttinnen aus anderen Kulturen begegnen, etwa dem indischen, keltischen oder nordischen Pantheon. Wir fragen: »Was ist ihre Zuständigkeit?« Im römischen Pantheon war das sauber sortiert; bei den keltischen und nordischen Göttinnen ist es so jedoch nicht möglich.

Diese Göttinnen sind uns neben archäologischen Funden und Befunden durch Schriftquellen überliefert, in denen vielfach bereits christlicher Einfluss deutlich wird.[2] Dennoch zeigt sich in diesen Überlieferungen eine facettenreiche Komplexität der Göttinnen, gepaart mit teils sehr alten Motiven, die uns ganz alte Vorstellungen der Großen Göttin zeigen, die bis in diese späten Aufzeichnungen überlebt haben.

Jede Göttin, die uns begegnet, ist im Grunde *ein Aspekt* der Großen Göttin. Wenn ich in diesem Buch von *der* Göttin spreche, so meine ich damit keineswegs eine Reduzierung, sondern vielmehr alle Göttinnen der ganzen Welt insgesamt und damit die Große Göttin in ihrer Gesamtheit, die mehr ist als die Summe ihrer Teile.

Als erstes studierte ich also Archäologie und Vergleichende Religionswissenschaften und machte meinen Magister an der Uni Bonn. Gleichzeitig versuchte ich, mich der Göttin auf andere Weise zu nähern; ich fuhr nach Glastonbury, Stonehenge und Avebury und zu anderen vorgeschichtliche Kraftplätzen im In- und Ausland – und 2004 schließlich zum ersten Mal zur *Goddess Conference*. Ich wusste inzwischen, dass es dort eine Ausbildung zur Priesterin von Avalon gab; so war es meine Absicht, mir diese Priesterinnen anzusehen und zu entscheiden, ob das mein Weg war. Tatsächlich begann ich im selben Jahr mit der Ausbildung, pilgerte die nächsten drei Jahre regelmäßig nach Glastonbury und weihte mich 2007 der Lady von Avalon als ihre Priesterin.[3]

Diese Ausbildung hat mir großartige Werkzeuge in die Hand gegeben, und es öffnen sich immer neue Wege, neue Werkzeuge, um zu erfahren, wer die Große Göttin ist: Körperarbeit, Tanz, mein eigener Körper, Kunst, meine Kreativität und – immer wieder und immer noch – ihr Land, ihre Elemente und die Begegnung und der Austausch mit anderen Menschen.

All diese Werkzeuge haben mir geholfen, hier in Deutschland die Göttin zu finden, ihr zu begegnen und sie zu erfahren.

Dieses Buch stellt die Symbiose dar aus meiner wissenschaftlichen Recherche und den Erfahrungen aus annähernd fünfundzwanzig Jahren gelebter Spiritualität. Es ist kein akademisches Buch in dem Sinne, dass ich eine wissenschaftliche These belegen will. Denn die Göttin ist keine These, sondern lebendig, kraftvoll. Aus der Geschichte und Vorgeschichte lernen wir nicht, wer sie ist und wie wir sie zu verehren haben, sondern blicken durch ein kleines Fenster auf einen kleinen Ausschnitt, wie sie zu einer bestimmten Zeit von einer bestimmten Gruppe von Menschen gesehen und verehrt wurde. Der Blick durch dieses Fenster kann uns inspirieren. So finden sich in diesem Buch nur hier und da

Fußnoten; der größte Teil ergab sich aus meiner persönlichen Erfahrung, wie sich die Göttin *mir* zeigt. Es gibt kein Dogma. Jemand anderem zeigt sie sich ganz sicher anders; das ist ihre Natur. Es gibt kein Richtig oder Falsch, denn sie ist nicht starr und festgelegt.

Eine Vorstellung, die viele Verehrerinnen und Verehrer der Göttin teilen, ist die, dass die Welt der Göttin zyklisch ist und die Göttin sich im Jahresrad wandelt. Das Jahresrad der Göttin gibt dem Leben und der praktischen Göttinnenverehrung Struktur. Ich habe daher für die Priesterinnenausbildung, die ich unterrichte, ein Göttinnenrad geschaffen, das auf dem Jahresrad von Avalon[4] aufbaut. Es ist keine einfache Übertragung, sondern wurde speziell für Deutschland entwickelt. Den acht Archetypen, die die Göttin im Laufe eines Zyklus' durchlebt, sind die Jahreskreisfeste zugeordnet, denen wiederum Himmelsrichtungen, Farben, Tiere und Gegenstände zugeteilt sind. Und obwohl es, wie ich oben ausgeführt habe, nicht möglich ist und am Wesen der Göttin vorbeigeht, die überlieferten Göttinnen auf einen Aspekt herunterzubrechen, habe ich die historischen Namen dennoch einem Archetypus zugeordnet, wenn sich die entsprechende Göttin mir so mitgeteilt hat. Das soll nicht so verstanden werden, als sei diese bestimmte Göttin nur für diesen einen Teil »zuständig«, sondern eher, dass sie auf diesem Rad gerade diese bestimmte Energie hält. Dieses Buch ist die Momentaufnahme meines persönlichen Verständnisses der Göttinnen und spiegelt wider, wie sie sich mir bis jetzt gezeigt haben.

Eines sei klargestellt: Dieses Buch will keine »völkischen« oder nationalistischen Ideologien teilen oder verbreiten, auch wenn ich Wörter benutze wie »unser Göttinnenerbe«. Als Mensch mit doppelter Staatsbürgerschaft ist mir persönlich der Gedanke, die eigene oder andere Nationalität zu idealisieren oder zu übersteigern, völlig fremd. Außerdem bin ich Archäologin, und damit ist mir vollkommen klar, dass all unsere Ländergrenzen und Nationen modern sind, von Menschen gemacht, willkürlich und nie von Dauer. Kulturen entstehen und vergehen. In meinen Augen ist es völlig unsinnig, sich um solche künstlichen Konstrukte zu streiten.

Die Göttin lehrt uns, dass sich alles wandelt. Das einzige, was fortbesteht, ist das Land selbst. Aber selbst das ändert sich, es dauert nur viel länger. Das Land selbst ist es, das die Göttinnen und Götter hervorbringt.

Ich habe deshalb auf meinem Göttinnenrad keine Göttinnen, die etwa von den Römern importiert worden sind. ArchäologInnen haben hier bei uns zwar Heiligtümer ausgegraben, die römischen, griechischen oder ägyptischen Göttinnen geweiht waren, aber mich hat immer mehr interessiert, was davor war, denn die Namen und Formen, die die Menschen den Göttinnen hier gegeben haben, hat das Land hervorgebracht, das Klima, die Landschaften und die Lebensweise der Menschen in dem Gebiet, das heute geographisch Deutschland ist und sicher auch die Nachbarregionen umfasst.

Sehr vereinfacht gesagt, haben wir drei große Gruppen: im Norden die nordischen und germanischen Göttinnen, im Westen und Süden die keltischen und im Osten und Nordosten die slawischen. Viele HeidInnen kennen sich unglaublich gut mit ägyptischen, griechischen oder indischen Göttinnen aus, auch die inselkeltischen Göttinnen und Götter sind sehr beliebt. Aber ich bin immer wieder überrascht, wie wenig verbreitet das Wissen um unser eigenes Göttinnenerbe ist. Dieses Buch soll dazu beitragen, unsere eigene reiche Göttinnenkultur wiederzuentdecken. Es richtet sich an Frauen und Männer. Sprache formt die Realität, und unsere Sprache hat in den letzten Jahrtausenden sehr die Männer bestärkt und Frauen nachgeordnet. Um in dieser Hinsicht wieder ein wenig Harmonie zu gewinnen, benutze ich gern eine weibliche Sprache. *Göttin* beinhaltet *Gott, Priesterin* schließt *Priester* mit ein, *Verehrerin* beinhaltet *Verehrer* und so weiter. Der Einfachheit halber lasse ich das Binnen-I oft auch weg, aber alle Männer sind von Herzen eingeladen, sich angesprochen und mit eingeschlossen zu fühlen.

In der Göttinnenverehrung gilt der weibliche Körper als heilig; Frauen werden geschätzt, gestärkt und gewürdigt, aber nie auf Kosten der Männer. Genauso wenig wie der politische Feminismus Männern irgendetwas nehmen will, wollen Göttinnenverehrerinnen Männer unterdrücken. Die meisten lieben und verehren den Gott, der der geliebte Sohn und Gefährte der Göttin ist, und viele Anhängerinnen der Großen Göttin sind auch Priesterinnen des Gottes. Aber wir sind frei zu entscheiden, ob wir diese Verehrung praktizieren wollen oder nicht. Wie gesagt, es gibt kein Dogma. Und in diesem Buch liegt der Fokus auf der Göttin.

Das Wort *Priesterin* ist ein Wort, auf das die Menschen oft mit Ablehnung reagieren. Viele Menschen haben Erfahrungen mit dogmatischen, hierarchischen, strafenden Religionsführern gemacht. »Ich brauche keine Priesterin, die mir sagt, wie meine Beziehung zu meiner Göttin auszusehen hat.«

Für andere klingt es nach Hybris und Arroganz. »Wofür hält die sich, dass sie sich Priesterin nennt?«

Fast immer wird ein Machtgefälle, eine Hierarchie verstanden. Wann immer mir mit Aggression begegnet wird, weil ich mich Priesterin nenne, weiß ich, dass es Projektionen sind. Denn die Menschen, die mich dafür kritisieren, sind Fremde, die mich persönlich noch nicht kennengelernt haben. Ich liebe das Wort *Priesterin* und halte es für wichtig, dass wir es von den Projektionen befreien und uns zurückerobern. Für mich ist *Priesterin* kein Titel, den ich mir überziehe und dann stolz herumtrage wie ein Schmuckstück, das mich von anderen abhebt oder mich über andere stellt – im Gegenteil: Priesterin zu sein hat ganz viel mit Demut zu tun. Eine wahre Priesterin dient der Göttin, aber vor allem auch den Menschen. Es hat mit Hingabe zu tun, mit Mut und harter Arbeit: dein Leben ganz und gar auf die Göttin auszurichten, kontinuierlich an dir zu arbeiten, keine Ausreden mehr zu finden, sondern vollkommen die Verantwortung anzunehmen, der beste Mensch zu sein, der du sein kannst, mit all den Talenten und Anlagen, die die Göttin dir gegeben hat. Priesterinnen sind keine perfekten oder besseren Menschen. Aber was beinahe alle Priesterinnen miteinander verbindet, ist die tiefe, tiefe Liebe zur Göttin. Darum beschreiten wir diesen Weg.

In der Ausbildung gebe ich mein Verständnis von den Göttinnen weiter, davon, was es heißt, den Weg der Priesterin zu gehen. Ich vermittle mein Göttinnenweltbild an meine SchülerInnen, um einen Rahmen zu schaffen, in welchem wir gemeinsam arbeiten können, ein Werkzeug und Hilfsmittel auf dem eigenen Weg. Ich lade euch alle ein, sich intensiv mit den Göttinnen zu befassen, die Göttin zu suchen und sich ihr zu öffnen, um das eigene Verständnis zu vertiefen. Sicherlich zeigt sich die Göttin dir in der einen oder anderen Hinsicht anders als mir. Das bedeutet nicht, dass eine Version stimmt und die andere falsch sein muss oder dass eine besser ist als die andere. Eine großartige Lehre, wiederum von ganz am Anfang meiner Suche nach der Göttin, wird in »Die Nebel von Avalon« von Morgaine ausgesprochen: »Es gibt mehr als eine Wahrheit.«

Möge dieses Buch dir dienlich sein und auf deinem Weg eine Inspiration.

Blessed Be.

Das Jahresrad der Göttin – zum Aufbau dieses Buches

In der Natur wandelt sich alles mit den Jahreszeiten. So wie sich das Gesicht der Erde ändert, wandelt sich die Energie der Göttin im Jahreskreis, und sie kann in verschiedenen archetypischen Erscheinungsformen erfahren werden. Das Jahresrad, das ich entwickelt habe, bildet – dem Jahreskreis entsprechend – die sich wandelnden Aspekte der Göttin ab. Auf diesem Göttinnenrad ist unser Buch aufgebaut.

Das Rad hat acht Speichen und in seiner Mitte die Nabe. Die acht Speichen entsprechen den acht archetypischen Gestalten der Göttin, die sie im Laufe eines Jahres annimmt und die jeweils zu einem der acht Jahreskreisfeste besonders deutlich hervortreten. Dabei zeigt sich die Göttin zu den Sonnenfesten, den Tagundnachtgleichen und den Sonnenwenden, als archetypische Göttin der Elemente – Luft, Feuer, Wasser und Erde – und zu den anderen Festen Samhain, Imbolc, Beltane und Lammas als Archetypus einer Lebensphase – als Greisin, Mädchen, Liebende oder Mutter. Der Einfachheit halber werden für die Jahreskreisfeste vielfach feste Kalenderdaten angesetzt:

31. Okt./01. Nov.	Samhain	Fest der Greisin
20./21. Dez.	Wintersonnenwende	Fest der Mutter der Luft
01./02. Febr.	Imbolc	Fest der Mädchengöttin
20./21. März	Frühlingstagundnachtgleiche	Fest der Mutter der Luft
30. April/01. Mai	Beltane	Fest der Liebenden
20./21. Juni	Sommersonnenwende	Fest der Mutter des Wassers
01./02. August	Lammas	Fest der Muttergöttin
20./21. Sept.	Herbsttagundnachtgleiche	Fest der Mutter der Erde

Wenn wir uns bei der Berechnung der Termine dieser Feste streng nach den astronomischen Ereignissen richten, ändert sich das Datum jedes Jahr. Die Sonnenfeste bewegen sich um die oben genannten Daten herum, die anderen Feste werden oft als Mondfeste bezeichnet, und dementsprechend kann man sich für die Terminbestimmung nach den Mondphasen richten: Samhain wird dann Ende Oktober/Anfang November zum Schwarzmond gefeiert, Imbolc bei zunehmendem Mond Ende Januar/Anfang Februar, Beltane zum Vollmond Ende April/Anfang Mai und Lammas bei abnehmendem Mond Ende Juli/Anfang August. Mir persönlich kommt das etwas arg konstruiert vor, und ich kenne keine historischen Belege dafür, dass vorchristliche Gesellschaften sich für die Terminierung tatsächlich so streng an die Mondphase gehalten haben. Das heißt aber nicht, dass wir heute nicht die Freiheit haben, die Termine so zu legen. Viele befreundete Heiden berichten mir, dass sie die Energien des spezifischen Archetyps zu der jeweiligen Mondphase am stärksten erleben. Es gibt allerdings gute Gründe dafür, die Feste an den fixen Kalenderdaten zu feiern: zum Beispiel Vereinfachung und Wiederholung sowie bessere Planbarkeit, wenn die Feste jedes Jahr auf dasselbe Datum fallen, oder auch die Tatsache, dass man sich die gesetzlichen Feiertage am 1. Mai und je nach Region 31.10. (protestantische Bundesländer) oder 1. November (katholische Bundesländer) zunutze machen kann. Der Einfachheit halber verwende ich in diesem Buch die fixen Kalenderdaten eines Festes. In der Praxis muss aber jeder für sich selbst herausfinden, welche Termine sich persönlich richtig anfühlen.

Da sich die Göttin im Jahresrad unablässig wandelt, ist die Energie einer archetypischen Göttin nicht nur an ihrem Festtag spürbar, sondern über ihre gesamte Zeit. Jede Göttin hat im Jahresrad ihre eigene Phase, die – grob gesagt – um die sechs Wochen dauert. Einige Wochen vor und nach Samhain spüren wir die Greisin; dann dreht sich das Rad weiter, und die Energie wandelt sich. Einige Tage oder Wochen vor der Wintersonnenwende fühlt es sich nicht mehr nach der Greisin an, und wir wissen: Die Mutter der Luft ist da.

Im Zentrum, in der Nabe des Rades, befindet sich die Große Göttin, die alle Archetypen umfasst und enthält; sie ist alle zugleich und noch viel mehr.

Jeder Radspeiche sind verschiedene Göttinnen zugeordnet, die auf diesem deutschen Göttinnenrad die entsprechende archetypische Energie halten. Über manche dieser Göttinnen ist recht wenig bekannt, von anderen sehr viel überliefert. Bei einigen zeigt sich, dass sie in einem anderen geographischen Raum im Zentrum stehen würden. So wäre z.B. Freya auf einem skandinavischen Göttinnenrad in der Mitte zu finden; auf dem deutschen Göttinnenrad hält sie, gemeinsam mit anderen Göttinnen, die Energie der Liebenden. Jeder archetypischen Göttin ist in diesem Buch ein Kapitel gewidmet. Dabei beginne ich, dem keltischen Weltbild gemäß – dass alles mit der Dunkelheit beginnt – mit der Greisin zu Samhain.

Die acht archetypischen Göttinnen sind:

Matrona – Greisin
Perchta – Mutter der Luft
Idun – Mädchengöttin
Ostara – Mutter des Feuers
Loreley – Liebende
Ran – Mutter des Wassers
Caiva – Muttergöttin
Gefionn – Mutter der Erde

Die Große Göttin im Zentrum hier in Deutschland ist Holle, der ein eigenes Kapitel gewidmet ist. Jedem Archetypus ist eine Himmelsrichtung zugeordnet sowie verschiedene Farben, Tiere, Symbole und andere Entsprechungen, die ich in den einzelnen Kapiteln ausführlich erläutere. Einen ersten Eindruck verschafft die folgende Graphik:

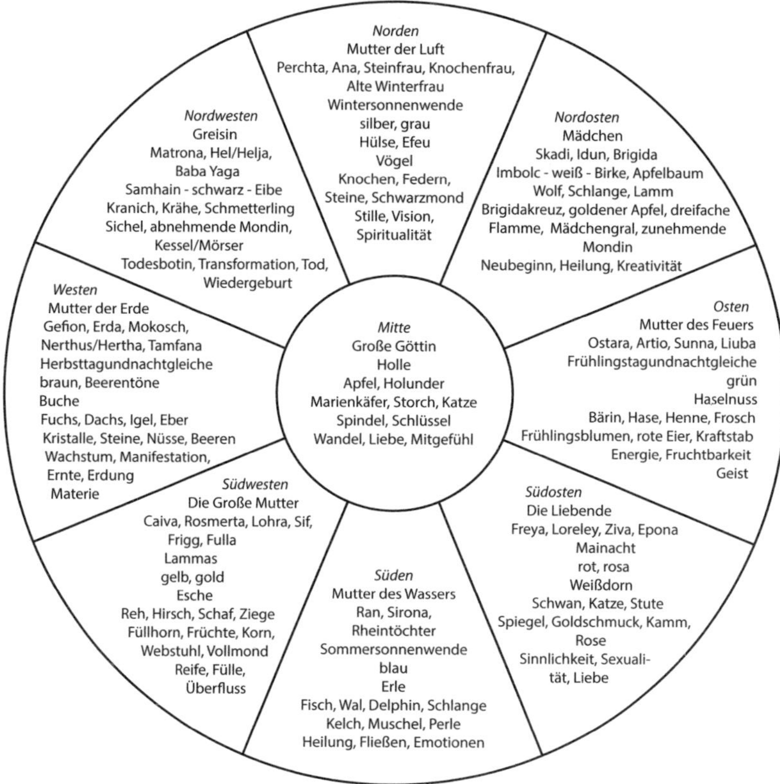

Das Rad der Göttin

Bei der Zuordnung der Himmelsrichtungen zu den Elementen weist das Göttinnenrad Gemeinsamkeiten unter anderem mit dem Medizinrad der nordamerikanischen Indianer auf, unterscheidet sich aber von anderen Jahresrädern, die etwa aus dem Wicca oder Reclaiming bekannt sind. Die Luft befindet sich im Norden, das Feuer im Osten, das Wasser im Süden und die Erde im Westen. Dies ist kein Zufall. In den zahlreichen überlieferten Geschichten über Holle findet sich immer wieder, dass der Übergang von der »Liebenden« zur »Mutter« durch Wasser stattfindet: Holle hütet die ungeborenen Seelen am Grunde ihres Sees, Frauen, die schwanger werden wollen, tauchen zu bestimmten Zeiten in ihre

Gewässer ein und so weiter. Das Wasser befindet sich also zwischen Beltane und Lammas. Dadurch sind auch die Positionen der anderen Elemente klar, denn in Übereinstimmung mit der Energie, die im Göttinnenrad im Uhrzeigersinn fließt, sind die Elemente so angeordnet, dass sie an Dichte zunehmen. Auf diese Weise können wir die Göttinnenenergie schöpferisch nutzen. Wir öffnen das Rad, das heißt, wir laden die Göttinnen des Jahresrades mit dem Uhrzeigersinn ein, wenn wir etwas erschaffen, aufbauen, manifestieren wollen. Auch wenn wir das Rad schließen, verabschieden wir uns in dieser Richtung von den Göttinnen, um weiterhin im Einklang mit der Energie in der Welt zu schwingen. Allerdings können wir gegen den Uhrzeigersinn mit den Göttinnen arbeiten, wenn wir etwas auflösen oder bannen wollen.

Es lohnt sich auch, einen Blick auf die Beziehungen der Göttinnen zu richten, die sich auf dem Jahresrad gegenüberliegen: Mädchen und Mutter, Liebende und Greisin. Diese ergänzen sich oft, beeinflussen sich gegenseitig oder können auch als Aspekte voneinander erfahren werden, die man gar nicht von einander trennen kann.

Viel Spaß beim Einlassen und Erfahren!

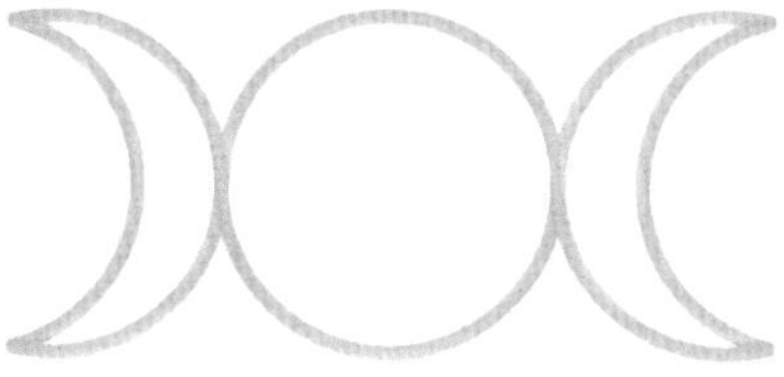

DIE GREISIN

Wenn die Tage kürzer und dunkler werden und die Natur sich zurückzieht, nimmt die Göttin ihre Gestalt als Greisin an. Ihr Fest ist Samhain, der Winteranfang im Jahreskreis. Bei den Kelten nehmen die Dinge in der Dunkelheit ihren Anfang: der Tag beginnt mit dem Abend, das Jahr mit dem Winter und das Leben mit dem Tod. Daher beginnt die Priesterinnenausbildung jährlich in der Zeit von Samhain, und entsprechend beginne ich auch die Beschreibung des Göttinnenrades mit der Göttin in ihrem Greisin-Aspekt zu Samhain.

Die Göttin in der Gestalt der Greisin hat auf dem Jahresrad mehrere Namen: sie ist *Matrona*, die Verwandlerin, im Nordwesten. Sie wandelt sich von der Greisin zum Mädchen zur Mutter zur Greisin – ohne Unterlass. Sie verkörpert die Spirale des Lebens, das zyklische Weltbild der Göttin: Alles was stirbt, wird aus ihrem Schoß wiedergeboren. Sie ist *Hel*, die Göttin der Unterwelt, Todesgöttin und Königin des Schattenreiches unserer Seelen. Sie ist *Baba Yaga*, die Initiatorin, Aufgabenstellerin und Schenkerin von Gaben, deren Herausforderungen uns zu unserer wahren Kraft führen.

Da der Tag mit der Nacht beginnt,[5] beginnt das Fest Samhain mit der Abenddämmerung des 31. Oktobers und endet am Abend des 1. November. Die Göttin wandelt sich zur Alten, die die Dunkelheit bringt und deren graue Haarsträhnen als Nebelschwaden über dem Land hängen. Ihre Tiere sind der Kranich, die Krähe und die Wildsau, aber auch der Schmetterling. Ihre Farbe ist schwarz. Ihr Symbol ist der Kessel, die abnehmende Mondin, die Sense und die Sichel.

Die Greisin ist die alte Frau, die das Leben gesehen und ihre Erfahrungen gemacht hat – und die Todesbotin. Die Eibe, die oft auf Friedhöfen gepflanzt ist, ist ihr Baum. Wenn die Bäume ihre Blätter abwerfen und kahl und schwarz in graue, regnerische Novemberhimmel ragen, kehren wir uns nach innen und gedenken unserer Ahninnen. Wir lassen die Dinge sterben, die unserem Leben nicht mehr dienlich sind, und säen die Saat unserer Absichten für das neue Jahr. Bei den Kelten stand der Tod nicht am Ende: unvermeidlich, bedrohlich und schreckenerregend. Vielmehr war er der Beginn eines neuen Kreislaufs, untrennbar mit dem Leben verwoben und das Leben mit ihm. Die Greisin schenkt uns den Tod und die Wiedergeburt, das Sprengen der Ketten und die Transformation.

Matrona
Göttin der Transformation

Matrona ist uns heute durch römische Inschriften und Weihesteine aus der südlichen Germania Inferior[6] bekannt. Dort werden drei Frauen nebeneinander sitzend abgebildet, die in ihren Schößen mit Obst und Brot gefüllte Körbe halten. Die beiden Äußeren tragen Hauben, groß und rund wie der volle Mond, während die Frau in der Mitte mit offenem glatten Haar dargestellt wird. Es gibt keinerlei erhaltene Schriftquellen.

Matrona wird auf den Weihesteinen in ihrer Erscheinung als Greisin-Mädchen-Mutter abgebildet. Dies verraten uns die Hauben, die, der germanischen Tracht der Ubierinnen entsprechend, nur von verheirateten Frauen getragen wurden. Dies bedeutet,

Weihestein mit Gaben für Matrona auf der Görresburg oberhalb von Nettersheim, Nordrhein-Westfalen

dass in der Mitte eine junge Frau sitzt. Allgemein interpretieren Archäologen diese drei Frauen als eine Dreiergruppe von Muttergöttinnen, die Drei Matronen. Tatsächlich zeigt sich hier jedoch die Große Göttin in ihren drei Aspekten selbst.

Die römischen Weihungen sind grammatikalisch uneinheitlich: Mal ist von den Göttinnen im Plural die Rede, dann im Singular und manchmal sogar gemischt *(Dea Matronae)*.[7] Auch die vielfältigen Beinamen dieser Matronae weisen darauf hin, dass die Macht der Göttin alles umfasste: sie beziehen sich manchmal auf die Familiennamen oder Stammeszugehörigkeit der Stifter der Steine (z. B. *die suebischen Matronen*), manchmal auf regionale Landschaftsmarken (z.B. Flüsse, Bäume, Dörfer usw., vgl. *Renahenae = die rheinischen Matronen*) und beschreiben manchmal das Wesen der Göttin: *die Gebenden, die Hohen, die Heilenden* oder die Matronen *des Schicksals.*

Wir haben es hier also mit einer Göttin zu tun, deren Machtwirken alle Lebensbereiche durchdringt, die in drei Erscheinungsformen abgebildet ist und die sich ewig wandelt. Die vollen Körbe betonen ihren fruchtbaren Schoß. In den Körben finden sich Äpfel und Birnen. Äpfel stehen für die Unsterblichkeit, die der ewige Kreislauf der Göttin – von Leben, Tod und Wiedergeburt –

Die drei Gesichter Matronas (auf einem Weihestein auf der Görresburg)

schenkt. Die Birne bildet in ihrer Form die Gebärmutter ab, in der das neue Leben entsteht. Beide Früchte sind somit weibliche Ursymbole, die Leben, Sterben und Wiedergeburt versinnbildlichen. In den Schoß der Göttin kehrt alles zurück, was stirbt, und aus ihrem Schoß werden wir wiedergeboren. Darum wird Matrona auf dem deutschen Jahresrad der Göttin vor allem im Nordwesten in ihrem Aspekt als Greisin, als Todesbotin und Verwandlerin, verehrt.

Hel

Die Göttin der Unterwelt

Die Göttin der Unterwelt ist Hel. Ihre eine Körperhälfte ist weiß, die andere schwarz. Sie reitet auf einem Pferd oder fährt in einem Wagen über das Land und sammelt die Toten ein. Hel, oder Helja, ist die Göttin, der wir am Ende unseres Lebens alle begegnen. Ihr Name bedeutet *bergend*.[8] Wer einmal in ihr Reich *Niflheim* eingegangen ist, kann dieses nicht wieder verlassen.[9] Niflheim ist eines von mehreren Jenseitsreichen der nordischen Mythologie, die alle mehr oder weniger auf eine bestimmte Gruppe von Menschen eingestellt sind.[10] Das Totenreich Heljas allerdings steht allen offen, die an Alter oder Krankheit sterben.

Sie ist der Inbegriff der Totengöttin, die uns alle am Ende in ihre leuchtende Dunkelheit in Empfang nimmt und dem Sterben den Schrecken nimmt.

Hel hat, wie wir alle, zwei Seiten, die sie deutlich zeigt.[11] Sie ist gleichzeitig erschreckend und wohlmeinend – der Tod ist nicht immer schrecklich. Hel lehrt uns, unsere eigenen zwei Seiten anzunehmen. Oft lernen wir in unserem Leben, eine Hälfte von uns abzulehnen – bestimmte Dinge, die wir fühlen oder die wir getan haben. Wenn wir das tun, können wir seelische Krankheiten entwickeln, und dann müssen wir die Reise nach Niflheim antreten. Auch Schlimmes, das uns widerfährt, und woran wir keine Schuld tragen, kann ein Auslöser für einen Sturz in die Unterwelt sein. Dann ist Niflheim der Inbegriff der trostlosen Totenwelt.

Der Name bedeutet Nebelheim, und man gelangt über den Hellweg dorthin. Niflheim liegt unter den Wurzeln der Weltesche Yggdrasil, in dessen Mitte sich der Brunnen *Hwergelmir*, das bedeutet *rauschender Kessel* oder *alter Kessel*, befindet. Aus diesem Brunnen ergießen sich zwölf eisige Flüsse, von denen *Gell* am dichtesten an Hels Wohnung vorbeifließt. Dies ist nicht der Ort der Anderswelt, an dem die Seele sich auf die Wiedergeburt vorbereitet. Auch ist dies nicht die angsteinflößende Hölle der Christen. Zwar wurde der Name dieser Vorstellung von Hels Namen abgeleitet, doch hat dieses brennende Inferno nichts mit Hels düsterem Reich gemein.

Niflheim ist ein finsterer, kalter Ort fernab der Welt der lebendigen Menschen, ohne Ausweg, Hoffnung oder Freude. Es ist der Ort tiefster Depression und Einsamkeit, das unterirdische Totenreich eine innere, psychische Unterwelt. Hel ist die Königin dieser Unterwelt, in die große Traurigkeiten, Schicksalsschläge und Ähnliches uns hinabstürzen können. Wie die sumerische Inanna in die Unterwelt ihrer Schwester Ereshkigal hinabsteigt, so steigen auch wir im Laufe unseres Lebens mindestens einmal, meistens jedoch öfter, in die Unterwelt hinab, um uns selbst zu finden. Diese Zeiten in der Dunkelheit sind oft schmerzhaft und schwierig, doch ist Hel bei uns, ohne uns zu quälen und ohne

Grausamkeit. Sie ist einfach nur anwesend, Halterin dieser seelischen Unterwelt und Zeugin.

Und dann zeigen sich auch in Niflheim die zwei Seiten der Hel. In diesem finsteren Reich gibt es auch goldene Säle, in denen Met getrunken wird, und es öffnet sich ein Ausweg: In Hels leuchtender, nährender Dunkelheit, sind wir bei ihr, und wenn wir uns lang genug in Niflheim aufgehalten und das Zentrum dieser Dunkelheit gefunden haben, stoßen wir auf den rauschenden Kessel.

Der Kessel ist ein altes Symbol für die Göttin. In den keltischen Mythologien besitzen die Göttinnen zahlreiche magische Gefäße, aus denen ihre Gaben fließen. Der Kessel ist das mächtigste von ihnen, denn in ihm geschieht Veränderung. Die Göttin rührt in ihm und zerstört dadurch das alte Gerüst, das das Leben zusammenhält und die Realität definiert. Wie in einer Spirale werden wir herumgewirbelt, wenn wir uns in Hels Unterwelt befinden, verlieren den Boden unter den Füßen und erkennen uns selbst nicht mehr. Doch die Bausteine werden neu zusammengesetzt. Der Kessel steht für den Bauch und die Gebärmutter der Göttin, aus der wir wiedergeboren werden; und wenn für uns die Zeit kommt, dass die Dinge und wir selbst verwandelt wurden, kehren wir aus der Unterwelt zurück: freier, stärker und mehr wir selbst als zuvor. Hels Dunkelheit ist nicht grausam und bedrohlich, sondern leuchtend und nährend. Wie in der Dunkelheit im Mutterschoß sind wir in ihr geborgen, und jede Geburt findet immer aus der Dunkelheit heraus statt.

Hel ist auch ein anderer Name für den Unterweltsaspekt der Großen Holle. Ein Abstieg nach Niflheim und eine Wiederkehr von dort, aus Holles Totenhöhle,[12] sind kraftvolle Erfahrungen, einschneidende Initiationen, die uns für unser weiteres Leben formen. In Berlin Tempelhof gibt es einen natürlichen See, der aus der Eiszeit stammt und Blanke Helle oder Hellpfuhl genannt wird. Es ranken sich viele Legenden um ihn, und er gilt als einer der Eingänge zur Unterwelt.

Baba Yaga
Die Initiatorin

Baba Yaga ist die slawische Göttin in ihrem Aspekt als Greisin. Sie erscheint als magere und hässliche alte Frau mit eisernen Zähnen, die im Wald in einer Hütte lebt, die auf Hühnerbeinen steht.

In den variantenreichen Geschichten erscheint Baba Yaga einerseits als unberechenbar und sehr gefährlich. Man sagt von hr, dass sie Menschen isst und ihre Schädel auf ihren Gartenzaun steckt. Andererseits gibt sie gute Ratschläge und macht kostbare Geschenke. In den ältesten Geschichten kann Baba Yaga ihr Heim nicht verlassen, da ihre Zauberkraft an diesen Ort gebunden ist. Später reitet sie auf einem eisernen Ofen, der auf Hühnerbeinen läuft, fliegt in einem Mörser, den sie mit dem Mörsterstößel lenkt oder streift mit ihrer gesamten Hütte durch den Wald. Es heißt, dass sie damit die sterbenden Menschen verfolgt und zu sich holt.

Baba Yaga ist die Hüterin des Wassers des Lebens und des Todes. In manchen Geschichten lebt sie mit zwei Schwestern zusammen. Stirbt eine der Schwestern, so besprenkeln die anderen sie mit dem Wasser des Todes, wodurch ihre Wunden heilen und sie von den Toten wieder aufersteht. Hier zeigt sich, dass Baba Yaga wie Matrona als Greisin Teil der Dreifachen Großen Göttin ist, die über die Kraft des Todes und der Wiedergeburt verfügt.

In Märchen, Legenden und Erzählungen tritt die Greisin oft in der Gestalt der Stiefmutter, Hexe oder Ähnlichem auf, die der Hauptfigur, dem jungen Mädchen, eine Aufgabe stellt, die vielfach grausam oder unmöglich zu erfüllen scheint. Tatsächlich aber wächst die junge Heldin daran, entwickelt Fähigkeiten, erkennt das wahre Ausmaß ihrer eigenen Stärke und kann nur durch die Aufgabe der »bösen Hexe« ihr volles Potential entfalten. In der bekanntesten Erzählung über Baba Yaga tritt sie der jungen Vasilisa gegenüber als Lehrerin und Initiatorin auf, erschreckend und bestärkend zugleich, die klassische Rolle der Greisin. Baba Yaga fordert uns auf, uns zu verwandeln.

Frauen werden in unserer Gesellschaft meistens nicht dazu erzogen, intuitiv und ungezähmt zu sein. Baba Yaga nimmt all das, was bremst und einengt, alles, was uns nicht länger dient, in ihren Mörser und verwandelt es. Der Mörser ist, wie der Kessel der Göttin, ein Gefäß, in dem die Dinge transformiert werden. Das Alte wird zerstört, stirbt und wird zu etwas Neuem. Baba Yaga ist die Greisin als Aufgabenstellerin und Schenkerin von Gaben. Sie fordert uns heraus und gibt uns dadurch die Möglichkeit, zu wachsen, über unsere Grenzen hinauszugehen und weiterzukommen, als wir je für möglich hielten. Wenn wir uns von unseren Ängsten nicht bremsen lassen und uns ihrer Führung anvertrauen, führt sie uns zu unserer eigenen Kraft, Intuition und Wildheit (im Sinne von Unbezähmbarkeit und Freiheit). Wir erkennen, dass wir unser eigenes Potential unterschätzt haben, und lassen uns auf das Abenteuer ein zu erforschen, wie weit wir noch gelangen können.

Die Hexe und die Weise Alte

Es scheint, dass eine alte Frau – eine Greisin mit all ihren Ecken und Kanten – den Menschen heute eine unerträgliche Vorstellung ist. Ich habe beobachtet, dass sie deshalb in zwei Gegensätze aufgespalten wurde: die idealisierte, wohlmeinende (und damit harmlose) »weise Alte« und die »böse Hexe«. Beide Aspekte sind unvollständig, und so schwächen sie die Greisin.

Ich lehne den Begriff *weise Alte* für den Greisin-Aspekt der Göttin, der im New Age, in Hexenkreisen und in der Göttinnenverehrung oft gebraucht wird, ab, da er der einzige Aspekt der Göttin ist, der mit einem Adjektiv versehen und daher mit einer Bewertung verbunden ist. Wer entscheidet, ob eine Greisin Weisheit hat oder nicht? Wenn sie in meinen Augen nicht weise ist, brauche ich sie dann nicht zu würdigen und zu respektieren? Die Göttin in ihrem Aspekt als Greisin ist Weisheit, aber sie ist zugleich viel mehr. Sie ist die wunderbare

Verschrobenheit der Alten, die Lebenserfahrung, und sie hat die Freiheit, sich nicht rechtfertigen und erklären zu müssen und muss niemandem gefallen. Sie kann uns als weise, liebevolle Großmutter in der Dunkelheit halten. Sie kann völlig verrückt und irrational sein. Sie hat die Schönheit und die Härte des Lebens erlebt und kann hart sein: Die Greisin sieht, was getan werden muss, und sie tut es.

Im zweiten Aspekt ist die Schwächung der Greisingöttin ganz offensichtlich: Die ursprüngliche Göttinnenkraft wird in der krass negativ bewerteten bösen Märchenhexe, der bösen Stiefmutter heute kaum noch gesehen. Stattdessen bekommt sie ihre »gerechte Strafe«, wird besiegt und meistens getötet. Einhergehend damit wurde die alte Frau, die menschliche Greisin, mit der Patriarchalisierung und dem Christentum zur irrationalen, nutzlosen Alten degradiert.

Da man ihre Weisheit und die Macht ihres Wissens und ihrer Erfahrungen nicht völlig verschwinden lassen konnte, machte man sie zur gefährlichen, bösen Alten. Die alten Symbole der Göttin, der Kessel und der Mörser, sind alltägliche Gebrauchsgegenstände im Leben einer alten Frau, die damit sowohl ihr Mittagessen als auch magische Medizinen und Heiltränke herstellt. Der Besen, mit dem die alte Frau ihr Heim auskehrt, wurde zum Hexenbesen, das heilige Tier der Göttin, die Katze, zum Begleittier der Hexe. Den Höhepunkt der Angst vor der Macht der Frauen und des Frauenhasses stellt die europäische Hexenverfolgung dar, die im 13. Jahrhundert begann und sich bis in 18. Jahrhundert hinzog. Heutzutage geht man von etwa 60.000 Opfern aus, von denen 75 Prozent weiblich waren. In Deutschland loderten die Feuer der Scheiterhaufen am schlimmsten, weshalb die kollektive Wunde der Greisin und die Angst vor einer starken Alten bei uns besonders tief geht: Allein in Deutschland wurden 25.000 Menschen, beinahe die Hälfte aller Opfer insgesamt, als Hexen hingerichtet.[13]

Im Bild der Hexe lässt sich noch viel von der Göttin als Greisin finden, und es ist unsere Aufgabe, das Lebensalter als alte Frau und Greisin heute wieder als machtvolles, kraftvolles Lebensalter für uns zu beanspruchen. In unserer Gesellschaft wird noch immer vermittelt, dass wir nette, folgsame Mädchen sein sollen; dass Frauen einem oberflächlichen Schönheits- und Jugendbild entsprechen müssen; und es herrscht eine regelrechte Angst davor, alt zu werden, als ob dieser Lebensabschnitt geradezu furchtbar sei. Außerdem sind unsere Familien auseinandergezerrt, und unsere Alten werden in Pflegeheime verfrachtet. Wir müssen die Greisin und die Hexe zurückfordern, ihre Weisheit wie auch ihre Irrationalität, müssen ihre Verschrobenheit würdigen. Sie kann uns lehren, unangepasst zu sein und frei zu bleiben, um als Frauen gesund und kräftig zu werden und zu bleiben und unsere Töchter zu starken gesunden Frauen zu erziehen. Dies geht nur, wenn die Alten sichtbar sind: in den Familien, in den Medien und überall.

Hier ist eine Frau, die sehr impulsiv geleitet wird
Dies ist die Greisinnenpracht von Old Silverhead
Sie durchschneidet die Rationalität mit ihrem Verstand, der wie schnelle Klingen ist
Das unlogische Denken der Greisin erhält sie glücklich und gesund
Die Vorsicht ist niedergerissen, es gibt nichts zu verlieren
Sie wird sich dazu entscheiden, dem Unvorhersehbaren nachzujagen
Dies ist die Greisinnenpracht von Old Silverhead.

(nach Carolyn Hillyer)

Es lebe die Greisin!

Rückkehr in den Schoß der Göttin

Matrona als Todesbotin hat per se nichts Erschreckendes, Bedrohliches. Wie die indische Kali ist sie eine Göttin, die beide Aspekte, Leben und Tod, Licht und Dunkel und alle Polaritäten verkörpert, und beide Seiten müssen gleichermaßen akzeptiert und geliebt werden. Anstatt Angst vor ihr zu haben und den Blick nur aufs Diesseits zu richten und jeden Gedanken an sie zu vermeiden, ist Matrona uns allen zugänglich, und wir können eine persönliche, intime Beziehung zu ihr pflegen.

In Matronas heiligen Schoß kehren wir nach dem Tod zurück. Dieser Gedanke war in vorchristlicher Zeit weit verbreitet, als die Grabarchitektur die regenerative Göttin abbildeten: ihr Bauch und Geburtskanal waren die Tore zur Wiedergeburt. Die halbkugelförmigen Grabhügel unserer Vorfahren stellen den schwangeren Bauch der Göttin dar, aus dem wir wieder geboren werden. In vielen neolithischen Grabhügeln hat man neben ihrem Bauch auch die Gebärmutter und den Geburtskanal errichtet:

Über die Jahrhunderte hinweg haben Regen und Wind den Erdhügel abgetragen, der diese Anlage der Sieben Steinhäuser in der Lüneburger Heide, Niedersachsen, ursprünglich bedeckte.

Die Verstorbenen wurden in Grabkammern tief in der dunklen Erde bestattet, zu denen man durch lange Gänge gelangt. Ein besonders beeindruckendes Beispiel für diese Art, wie die Menschen früher ihre Verbundenheit mit der Göttin durch sakrale Architektur sichtbar gemacht haben, ist der Grabhügel von Newgrange im Boynetal in County Meath in Irland (etwa 3500 v.d.Z.). Die hier Bestatteten wurden am Morgen der Wintersonnenwende wiedergeboren, wenn die Strahlen der aufgehenden Sonne durch ein eigens dafür über dem Eingang eingelassenes Fenster durch den Geburtskanal (Gang) kriechen und die Gebärmutter (Grabkammer) mit Licht füllen.

Noch älter sind die Bestattungsplätze in Lepenski Vir in Serbien (6500 – 5500 v.d.Z.). Der dreieckige Grundriss gibt den Schoß der Göttin, die Böden aus rotem Kalkstein ihr lebenspendendes Mondblut wieder. Während der Ausgrabungen wurden in diesen Gräbern mehrere Steine mit Vulvendarstellungen gefunden.[14]

Matrona nimmt uns auf nach dem Tod, birgt uns sicher in ihrem Bauch, bis es Zeit für uns wird, wiedergeboren zu werden. Im Rheinland und in der Eifel haben Archäologen große Matrona geweihte Kultzentren und Tempelanlagen ausgegraben. Zum Teil

Offen ist das Land und weit ist der Himmel über der Görresburg.

GöttinnenverehrerInnen legen ihre Weihegaben in Matronas Schoß, vor den Weihesteinen oder oben auf dem Altar ab, oder sie knoten ihre Gaben in die Zweige.

wurden sie rekonstruiert, so dass Matrona an ihnen heute wieder verehrt wird. Die *Görresburg* bei Nettersheim ist eine solche Anlage, die auf einem Gipfel liegt, wo der Wind weht und man das umgebende Land überblickt. Dieser Tempel der Matrona hält eine Ruhe, Zeitlosigkeit und Größe, die für jeden spürbar ist. Ganz ähnlich ist der Matronentempel von Pesch, im Volksmund *Heidentempel* genannt, nur dass dieser Gipfel bewaldet ist und das Heiligtum versteckter liegt, wodurch sich die Energie subtil

Still und verwunschen ruht der Matronatempel in Pesch, Nordrhein-Westfalen, im Licht der untergehenden Wintersonne geborgen im Wald.

von der auf der Görresburg unterscheidet. Die Anlage von Pesch hat einen ganz besonderen Platz in meinem Herzen, denn dies war der erste Matronentempel, den ich besuchte, als ich 2002 ins Rheinland kam. 2013 haben mein Mann und ich dort geheiratet.

Diese zwei Kultplätze sind nur die berühmtesten vieler solcher Tempel und liegen dicht beieinander. Man kann gut beide am selben Tag besuchen und sich in die subtilen Unterschiede in der Energie beider Orte einfühlen. Beide Tempelanlagen sind friedliche, positive Orte, die täglich von zahlreichen Göttinpilgerinnen und -pilgern besucht werden. Äpfel, Blumen, Räucherstäbchen, Münzen, Kerzen und bunte Bänder sind die Gaben, die sie hinterlassen. Das Zentrum der Matronenverehrung lag aller Wahrscheinlichkeit nach in der Bonna, der keltischen Stadt, die die Vorgängersiedlung des heutigen Bonns ist. Bei Ausbesserungsarbeiten der Krypta fand man unter dem Bonner Münster nicht weniger als 50 Weihesteine an die Matronen, die dort vermauert worden waren. Dies ist eines von zahlreichen Beispielen für christliche Kirchen, die über älteren Plätzen der Göttinverehrung errichtet wurden.

Die Tore zwischen den Welten

Die Nacht von Samhain, die Nacht vom 31. Oktober auf den ersten November, ist eine Zeit außerhalb der Zeit: Bei Sonnenuntergang stirbt das alte Jahr, das neue Jahr wird erst zum Sonnenaufgang geboren. In der Dunkelheit der Nacht gedenken wir unserer Verstorbenen. Es heißt, dass sich in dieser Nacht die Schleier zwischen den Welten heben, die Tore sich öffnen und wir in die Anderswelt reisen können. Die Seelen unserer Vorfahrinnen und Vorfahren können uns besuchen. Wir stellen Kerzen in die Fenster, die unseren Verstorbenen den Weg weisen sollen, und decken beim Essen ein Gedeck mehr auf. Wir dekorieren Kürbislaternen mit dem Gesicht der Greisin und zünden Ahnenlichter an für diejenigen, die im vergangenen Jahr gestorben sind und sich nun auf die Reise in die Anderswelt machen.

Samhain ist eine gute Zeit, um das, was uns nicht länger dient, in den Schoß der Greisin, in den Kessel der Göttin zu geben, damit es gewandelt wird. Es ist eine gute Zeit, um Intentionen für das kommende Jahr zu säen, die den Winter über in der Dunkelheit ruhen und befruchtet werden, um im Frühjahr aufzulaufen, im Sommer zu reifen und im Herbst geerntet zu werden.

Die Greisin verehren

Zu Samhain besuche Matronas Tempel in der Eifel, ihre Weihesteine in Köln und Bonn und die Blanke Helle in Berlin, bete zur Greisin und bringe ihr Weihegaben. Besuche Höhlen und verbringe Zeit in der Dunkelheit in Meditation. Mach weitere Orte von Matrona, Hel und Baba Yaga ausfindig. Entzünde Ahnenlichter auf den Gräbern der Verstorbenen oder in deinem Garten. Fühle ihre Nähe und bedanke dich für alles, was du von ihnen bekommen hast. In einem feuerfesten Kessel entzünde ein Feuer und übergib den Flammen alles, was in deinem Leben überholt ist und dir nicht mehr dient. Feiere den stillen Beginn eines neuen Jahres.

Kinder haben eine ganz eigene Offenheit der Göttin gegenüber und gehen an ihren Orten ganz natürlich mit ihr in Verbindung.

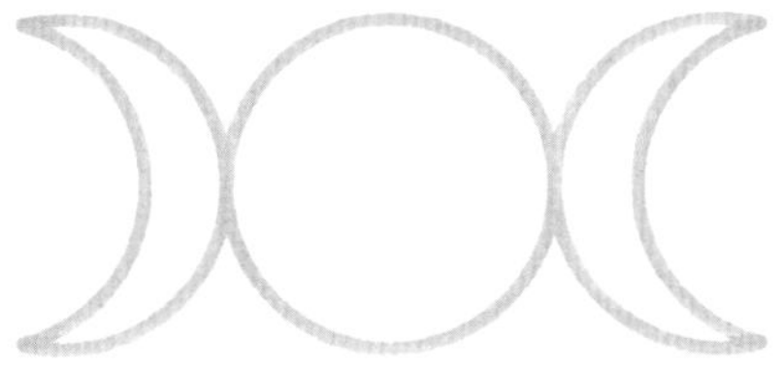

DIE MUTTER DER LUFT

Die Mutter der Luft ist *Perchta*, die Göttin der Wintersonnenwende, Anführerin der Wilden Jagd und stilles Auge des Wirbelsturms. Sie ist das Mysterium der Mitternacht, der Moment zwischen Ausatmen und Einatmen. Sie ist das Alte Winterweib, das Land, das im Winter unter Eis und Frost still daliegt. Sie ist

An einem klaren Wintertag ruht das Land gehüllt in eine Decke aus funkelnden Eiskristallen, darüber erstreckt sich der Himmel.

die Knochenfrau, die Todesgöttin *Ana*, die die Toten hält und die Weisheit der Ahnen bringt, die Steinfrau und die Vogelfrau. Ihre Gaben an uns sind Stille, Klarheit und Vision.

Zu Mittwinter nimmt die Göttin ihre Gestalt als Mutter der Luft an. Sie ist der Atem des Lebens, der wilde Wintersturm und die milde Brise. Perchtas Farben sind das Grau von Steinen, des Winterhimmels und der gefrorenen Erde und das Silber der Sterne und des Eises. Ihre Himmelsrichtung ist der Norden, ihre Tiere Greifvögel wie Eule, Falke und Bussard, aber auch das Rotkehlchen, Meise und Fink und die anderen Singvögel, die im Winter nicht nach Süden ziehen, sondern bei uns bleiben und die wir füttern. Die mythologischen Geschöpfe der Mutter der Luft sind die Luftdrachen, ihre Symbole sind Steine, Knochen und Federn. Sie ist die Efeufrau und Hülsefrau: Die immergrünen Winterhölzer sind ihre Pflanzen. Manchmal bleiben die leuchtenden roten Beeren von Eibe, Weißdorn und Hülse (Stechpalme) bis tief in den Dezember an den Zweigen wie Tropfen des Lebensblutes

Ruhig und geheimnisvoll liegt das Megalithgrab von Stöckheim (Sachsen-Anhalt) in den Rauhnächten in der grau-silbernen Landschaft der Alten Winterfrau (fotografiert bei Sonnenuntergang Silvester 2008).

Die eisige Berührung der Winterfrau

der Göttin, mitten im Tod. Sie ist die Alte Winterfrau, die zur Wintersonnenwende in Grau und Silber erscheint, den Farben von Frost, Eis und Rauhreif. Ihre langen weißen Haare wehen im Wind, wenn sie über das Land schreitet, das tief in der Winterruhe daliegt. Sie hat nicht nur einen Feiertag sondern eine ganze Festzeit: die Wintersonnenwende, die in der Regel um den 21. Dezember herum liegt, und die Rauhnächte (die zwölf Tage und Nächte zwischen der Mütternacht am 24. Dezember und der Perchtnacht vom 5. auf den 6. Januar) sind ihre heilige Zeit, mit besonderer Betonung der Mütternacht und der Perchtnacht (Hollenacht in Norddeutschland).

Zur Wintersonnenwende feiern wir die Wiedergeburt des Lichts aus der tiefsten Dunkelheit. Der kürzeste Tag und die längste Nacht sind heute erst der Beginn des Winters, und es liegen noch lange, sehr kalte Monate vor uns. Doch jeden Tag ist es von nun an wieder einige Minuten länger hell. Wir schmücken unser Heim mit immergrünen Zweigen und roten Beeren, der Farbe des Lebensblutes der Göttin, die uns daran erinnern, dass aus dem Tod das Leben entsteht.

Perchta

Perchta ist die Königin des Himmels, die über Wolken und Wind gebietet. Manchmal wird sie *Berchta, Bertha* oder *die Percht* genannt. Ihr Name bedeutet *die Glänzende, Leuchtende,* und auch die Perchtnacht wird manchmal *die glänzende Nacht* genannt. Auf dem Jahresrad ist dies nun die Zeit des Winterschlafes. Perchta verkörpert die Stille, den Zeitpunkt, in dem nichts geschieht; wenn wir nichts tun müssen, nur sein dürfen. Perchtas Zeit ist die Mitternacht, wenn der alte Tag vergangen und der neue noch nicht begonnen hat. Der Zeitpunkt zwischen zwei Leben, vor der nächsten Inkarnation. Sie ist das leuchtende Mysterium der Sterne am Nachthimmel, das wir ahnen aber nie ganz begreifen können. Ihr Sternbild ist die Corona Borealis, ihre Krone des Nordens.

Sie ist auch die Anführerin der Wilden Jagd: In den Rauhnächten reitet sie einem Zug wilder Gestalten voran, die mit Rasseln, Schreien, Heulen und Johlen über den Nachthimmel ziehen. Wenn Winterstürme in die kahlen Baumkronen fahren, ist Perchta in diesem Wilden Heer das stille Zentrum des Sturms. Einerseits ist dies eine Beschreibung der Kraft der Natur, die sich in wilden Winterstürmen in dunklen Nächten entlädt, andererseits wussten die Menschen früher durchaus um die wohlmeinende Kraft der Göttin darin. Bei Jacob Grimm heißt es: »Fruchtbar wird das jahr, wenn es in den zwölften durch die luft rauscht.«[15] Diese wilde Fahrt bringt Segen, und wer die Percht sieht, wirft sich nieder, um der Göttin Ehre zu erweisen.

In manchen Geschichten wird das Wilde Heer vom Wilden Jäger angeführt, der mit seinen Gefährten in den Rauhnächten vor Sehnsucht nach der Lichtfrau, also nach der Glänzenden Perchta, die Erde durchsucht.[16]

Als Todesgöttin hat Perchta einen Gänse- oder Schwanenfuß. Der Schwan ist ein Tier, das nicht nur zwischen den Welten reisen kann, sondern auch zwischen Diesseits und Jenseits.[17]

Ana
Die Todesgöttin

Ana ist einer der ältesten Namen der Großen Göttin überhaupt. Ihr Name bedeutet *Luft*. Wo die Greisin die Todesbotin ist, ist Ana der Tod selbst. In der Wilden Jagd fahren die Seelen durch die Luft, kehren zur Göttin zurück. Ana hält die Seelen und die Gebeine unserer Verstorbenen, und sie ist es, die uns die Verbindung mit unseren Ahnen ermöglicht, uneingeschränkt weit in die Vergangenheit zurück. Nach Marija Gimbutas stellten sich die vor-indoeuropäischen Völker Mittel- und Südosteuropas die Todesgöttin als steife, weiße Dame vor, vermutlich in Anlehnung an die weiße Farbe ausgebleichter Knochen – und in zahlreichen Gräbern finden sich weiße Göttinfigurinen.[18] Regine Leisner nennt die Todesgöttin daher in ihrem Roman »Die Rabenfrau«[19] die *bleiche Ana*, ein wunderbarer, bewegender Titel, der bei jedem von uns sofort mit Erkennen, Verstehen und Erinnerung widerhallt. Ana nimmt die Verstorbenen in sich auf, in ihrem »träumenden Bauch« sind sie gehalten und bereiten sich auf die nächste Inkarnation vor.

Ana ist auch die Knochenfrau, die Skelettfrau, die den Kern der Dinge enthüllt. Alles Fleisch ist von den Knochen abgelöst. Im Winter, wenn die Bäume ihr Laub verloren haben, wird ihr Skelett, die Form ihrer Äste und Zweige, sichtbar. Der Blick ist klar: Alles was Äußerlichkeit war, was vom Wesentlichen abgelenkt hat, ist fort.

Ana bringt uns den Segen unserer Vorfahren; wie ein Flüstern im Wind können wir ihre Stimmen, ihre Ratschläge hören, die uns die Kraft und den Mut und die Anleitung geben, um unsere Visionen zu verwirklichen.

Luft
Das Element der Spiritualität und der Vision

Luft symbolisiert unsere spirituelle Natur. Luft verbindet uns miteinander, wir alle atmen dieselbe Luft. Wir können uns mit der Mutter der Luft durch unsere Atmung und durch Klang verbinden. Alles, was existiert, beginnt als Idee – irgendwo im Energiefeld der Göttin. Gesang ist die magische Kraft der Göttin, durch Gesang wird die Idee manifestiert. Durch Klang und Gesang ist die Welt entstanden und durch sie bleibt sie am Leben. Diese Vorstellung ist nicht fremd, sondern war elementarer Teil der nordischen und germanischen Weltsicht.[20]

Heilzeremonien sind immer von Gesang und Musik begleitet, denn Musik und Gesang sind schöpferisch, und in der Heilzeremonie wird gleichsam der Moment der Schöpfung wiederholt, und es ist die Schöpfungskraft des Gesangs, die wirkt. Tod und Schöpfung durch Gesang liegen somit beide bei der Mutter der Luft. Aus dem Tod entsteht das Leben.[21]

Mittwinterzeremonie mit den Kindern auf der Görresburg: Gebetsbänder anbringen.

Die Namen der Göttin zu tönen und zu singen ist eine kraftvolle Weise, sich mit der Göttin zu verbinden, laut gesprochene Gebete sind eine weitere. Weit verbreitet ist der Brauch, an heiligen Orten ein biologisch abbaubares Band, begleitet von einem Gebet, in einen Baum zu knoten. Der Wind trägt unsere Gebete zum Ohr der Göttin.

Durch konzentriertes Atmen schaffen wir Raum, die Göttin wirklich hören zu können. Zähle einfach zwanzig Atemzüge und achte auf deine

Atmung. Zwing dich nicht, achte einfach auf deine Atmung und spüre, wie du ruhig wirst. In diesem Zustand können wir die Göttin wahrnehmen.

Oft spricht die Göttin auch im Traum zu uns und im halbwachen Zustand beim Einschlafen oder Aufwachen.

Während der Wintermonate, wenn Eis, Kälte und die Todesgöttin das Land im Griff halten, ruhen wir in Perchtas träumendem Bauch. Hier empfangen wir unsere Vision, gestärkt und genährt durch Gesang und Klang. Zu Imbolc, wenn das Jahresrad sich weiterdreht, beginnt die Vision, Gestalt anzunehmen.

Perchta als Luftgöttin eröffnet unseren Zugang zur spirituellen Welt jeden Tag und im Tod ganz konkret. In manchen Regionen heißt das Wilde Heer der Perchta auch das Wütende Heer. Dies ist ein Missverständnis dessen, was eigentlich gemeint ist: Laut Vera Zingsem leitet sich *wütendes Heer* von *watandes Heer* ab, was übersetzt mit *Geist, Spirit* in Verbindung steht. Es ist kein gefährliches, tobendes Treiben, sondern das spirituelle Heer der Seelen, die von ihren Körpern gelöst unter Perchtas Leitung in die Anderswelt ziehen, zu Ana, zurück zur Quelle, der Großen Göttin. Zum Zug gehören Pferde und Hunde, und die Toten – Männer, Frauen und Kinder –, die Perchta in die Anderswelt führt, damit sie dort vor ihrer nächsten Inkarnation ruhen können.

Vogelfrau, Steinfrau

In ihren Sagen wird auffällig häufig Perchtas große Nase betont. Diese deutet auf einen Vogelschnabel hin und weist auf einen weiteren Aspekt der Mutter der Luft hin: die Vogelfrau. Zum einen schenkt sie uns konkret die klare Sicht: Ihre Augen sind scharf wie die des Falken, der die Bewegung einer Maus aus großer Entfernung wahrnimmt. Wie die Skelettfrau hilft uns die Vogelfrau, das Wesen der Dinge wahrzunehmen: Mit ihren scharfen Krallen und ihrem scharfen Schnabel pickt und reißt sie das Fleisch von den Knochen und enthüllt die Essenz der Dinge. In ihrer Jahreszeit, dem Winter, schneidet ihre eisige Winterluft in unser Gesicht wie Rasierklingen und entfernt alles, was äußerer Schein ist, Masken und Verkleidung. Perchta hilft uns, die Dinge eben so klar zu sehen, wie durch ihre scharfen Vogelaugen.

Zum anderen zeigt sich hier die schamanische Kraft der Vögel: die Fähigkeit zwischen den Welten hin und her zu fliegen. Die Schamanin legt ein Vogelkostüm an und reist in Vogelgestalt in die andere Welt, um der Göttin, Ahnen oder Guides zu begegnen und Antworten mit zurückzubringen. Die klare Sicht der Vogelfrau bringt uns unsere spirituelle Vision. Ihre Gaben an uns sind Wahrheit – die tiefe Wahrheit im Inneren, das wahre Wesen der Dinge und der Menschen – und Klarheit, der klare, scharfe ehrliche Blick.

Anas Zeitlosigkeit ist im Steingrab im Wötz, Sachsen-Anhalt, fühlbar.

Die Steinfrau ist die Mutter der Luft in ihrem harten Winteraspekt, Ana in ihrer Unvermeidbarkeit. Sie erscheint uns hart und unnahbar, uralt und gleichzeitig jenseits von Alter. Seit Jahrtausenden stehen ihre Steinkreise und -reihen, aufgestellt von unseren Ahnen, und trotzen Kälte, Regen und Sturm. Hart und ungeschönt ist die Steinfrau, das Skelett des Alten Winterweibes, unzerstörbar und stark. Sie ist Zeugin allen Tuns der Menschen hier auf der Erde, durch die Jahrhunderte hinweg, größer als wir, gelassen und teilnahmslos. Sie war vor uns da, und sie wird noch lange nach uns da sein.

Die Steinfrau ist.

Mütternacht

Die Mütternacht wird regional unterschiedlich gefeiert, entweder zur Wintersonnenwende oder in der ersten Rauhnacht vom 24. auf den 25. Dezember. Der Name geht zurück auf das angelsächsische Fest *modranibt,* von dem der Mönch Beda Venerabilis im 8. Jahrhundert berichtet.[22] Zur Wintersonnenwende zeigt sich wieder, dass aus dem Tod das Leben geboren wird, denn aus dieser größten Dunkelheit gebiert die Göttin das Licht. In der alten Zeit wurde beim Sonnenuntergang vor der Mittwinternacht zeremoniell das Herdfeuer, das sonst ununterbrochen gehütet werden musste, gelöscht. Um Mitternacht oder beim ersten Licht des neuen Morgens wurde dann, wieder begleitet von Gesängen und Zeremonie, das neue Feuer entzündet.

In manchen modernen heidnischen Gruppen feiert man in dieser Nacht die Wiedergeburt des Sonnengottes. Das bekannteste Lichtkind ist in Deutschland wohl Jesus, dessen Geburt viele Christen kurz nach der Wintersonnenwende in der Mütternacht, der Heiligen Nacht am 24. Dezember feiern. Der Termin des Weihnachtsfestes wurde erst im vierten Jahrhundert fest auf den 25. Dezember gelegt. Die Symbolik passte einfach am besten in die Mittwinterzeit; außerdem konnte man auf die Weise gut die Heiligkeit der Mütter überlagern und dem Vergessen anheimgeben.

Zwischen den rekonstruierten Palisaden von Goseck, Sachsen-Anhalt, entlangzugehen, gibt uns ein Gefühl von Verbundenheit mit den Menschen vor 7000 Jahren und erfüllt uns mit derselben Demut und Dankbarkeit über die Wiedergeburt des Lichts wie sie.

Viele vorgeschichtliche Bodendenkmäler zeugen von der Verbundenheit unserer Ahnen mit der Göttin und ihrem großen Wissen und einem tiefen Verständnis von ihren heiligen Rhythmen. Im Burgenlandkreis in Sachsen-Anhalt wurde 2002 – 2004 eine große Kreis-Graben-Anlage ausgegraben und rekonstruiert, in der vor 7000 Jahren Zeremonien zur Wintersonnenwende gefeiert wurden. Zwei konzentrische Holzpalisaden weisen drei Unterbrechungen auf. Vom Mittelpunkt der Anlage aus zeigt eine genau nach Norden, während die beiden südlicheren Eingänge auf den Sonnenauf- und Sonnenuntergang zur Wintersonnenwende ausgerichtet sind.[23] Vom Inneren dieses kreisrunden Tempels aus konnte das beeindruckende astronomische Ereignis zu dieser magischen Zeit beobachtet und gefeiert werden.

Das Licht der Sonne fällt durch das Tor der Palisade.

In der Mütternacht, in der Nacht der Schöpfungskraft, erleben wir, dass es selbst im größten und tiefsten Dunkel Licht gibt, selbst im Tod gibt es Leben. Diese tiefste, längste und dunkelste Nacht gilt als Mutter aller Nächte. Während die Natur im Winter ruht und Laubbäume kahl sind und die Erde gefroren und unfruchtbar ist, erinnern wir uns an die Lebenskraft der Göttin im Tod, indem wir immergrüne Zweige von Nadelhölzern, Efeu und Hülse in unsere Häuser bringen und zu Kränzen und Girlanden binden.

Wir stellen am 4. Dezember Weidenzweige oder Forsythien in eine Vase, die in der Mütternacht blühen. Wir zünden Kerzen für unsere Mütter an, Kerzen, die Perchtas glänzendes Licht in unser Haus bringen, und Kerzen, die die Wiedergeburt des Lichts in tiefster Dunkelheit symbolisieren. Der christliche Weihnachtsbaum und Adventskranz, in dessen Ringform das zyklische Weltbild wiedergegeben wird, haben mit ihren immergrünen Zweigen und leuchtenden Kerzen ebenfalls die Symbolkraft der Göttin übernommen. In der tiefsten Dunkelheit schließlich erscheint Perchta als Lichtfrau und bringt das Licht zurück.[24]

In der Nacht, in der das Licht wiedergeboren wird, feiern wir unsere Mutterlinie. Nicht das Lichtkind steht im Mittelpunkt, sondern die Lebenskraft, die Fähigkeit der Mütter, Leben zu schenken. Wir alle sind Teil der Kette des Lebens. Aus diesem Grund ist es besonders schön, gemeinsam mit Kindern zusammen diese Bräuche zu pflegen. Wir verbinden uns mit unseren Ahninnen und gedenken unserer Mütter, unsere biologischen Linie und unserer Herzenslinie. Wir gedenken unserer Mütter und Großmütter und wieder ihrer Mütter und Vormütter, gedenken aber auch der Frauen unseres Umfeldes, die uns geprägt und beeinflusst haben wie mütterliche Freundinnen, Lehrerinnen, Mentorinnen, und wir gedenken der unbekannten Mütter, wie Frauenrechtlerinnen, Suffragetten und anderer Frauen, die wir nicht persönlich kannten, und denen wir doch dankbar sind.

Wenn unsere Beziehung zu unseren leiblichen Müttern keine gute sein sollte, so haben sie uns doch das Leben geschenkt, und es ist bestärkend zu erkennen, dass alles, was in unserem Leben geschehen ist, uns dahin gebracht hat, wo wir jetzt sind.

Rauhnächte

Die Bezeichnung Rauhnächte geht auf *Rauchnächte* zurück, und auf den alten Brauch, in diesen Zwölfen täglich im Haus und den Ställen zu räuchern, um den Hof und die Familie und alle, die dort leben, vor Unheil zu bewahren. Dieser Brauch ist sehr alt, was sich wieder an der Benennung dieser heiligen Zeit nach Nächten ablesen lässt (anstelle von »Rauhtagen«).

Der alte heilige Brauch des Räucherns in den Rauhnächten

Die Rauhnächte sind, wie die Nacht von Samhain, eine Zeit außerhalb der Zeit. Deswegen ist der Ausdruck, mit dem wir sie im Rheinland noch immer ganz natürlich im alltäglichen Sprachgebrauch bezeichnen *zwischen den Jahren*. In dieser Zeit sind die Schleier zwischen den Welten wieder dünn, und so haben die Träume in den Rauhnächten prophetische Kraft: Was in der ersten Nacht geträumt wird, deutet auf den kommenden Januar hin, der Traum der zweiten Rauhnacht auf den Februar, und so weiter. Reste davon haben sich auch im Brauch des Bleigießens in der Silvesternacht erhalten, was für viele Menschen heute dazugehört, auch wenn sie sich des Ursprungs dieses Brauches überhaupt nicht bewusst sind.

In der letzten Nacht, der Perchtnacht, wird Perchta traditionell im Freien ein Tisch gedeckt, damit sie sich bei ihrer Umfahrt mit ihrem Seelenheer stärken kann. Sie möchte dabei aber keinesfalls beobachtet werden. Der Göttin aufzulauern und einen Blick auf sie zu stehlen, wäre Hybris. – Die Göttin zeigt sich denjenigen, denen sie sich zeigen will. Während der Rauhnächte gelten noch weitere strenge Regeln. So darf in den Rauhnächten nicht gearbeitet und vor allem keine Wäsche gewaschen werden. Und der Spinnrocken muss abgesponnen sein! Später hat man diese Regeln nicht mehr verstanden und Perchta als strafende Göttin dargestellt, die die Faulen straft. Die Bedeutung der Regeln ist aber eine ganz andere: Perchtas Zeit ist eine heilige Zeit, eine besondere Zeit, die sich vom Rest des Jahres abhebt. Es ist eine Zeit des Überganges vom alten ins neue Kalenderjahr. Übergänge sind immer ungewiss und werden deshalb begleitet von Schutzriten und -zaubern. Die vielen Regeln und Gesetze der Göttin in dieser Zeit helfen, den Übergang glatt zu meistern, und ihren Segen für das Neue zu erhalten.[25]

Die Frau, die spinnt, ist Priesterin der Göttin, hat Teil an der schöpferischen Magie der Großen Göttin, die das Schicksal spinnt und die Fäden miteinander verwebt. In den Rauhnächten, als Zwischenzeitraum, als Zeit außerhalb der Zeit, liegt das Schicksal allein in den Händen der Göttin.[26]

Die Priesterinnen kennen und achten die Regeln der Göttin. Diese Regeln dienen nicht dazu, Frauen als fleißig oder faul zu bewerten, sondern geben Hinweis darauf, dass diese Zeit heilig ist, ganz der Macht Perchtas untersteht. Viele Frauen geben heute deswegen in der ersten Rauhnacht symbolisch ihre Spindel der Göttin, indem sie eine Spindel auf ihren Altar legen und sie während der Rauhnächte nicht anrühren.[27]

Auch die Rute, die man heute dem Weihnachtsmann oder Nikolaus zuschreibt, mit der er die Kinder straft, die unartig waren, war ursprünglich ein Symbol der Göttin, das vom Patriarchat verformt wurde. Als Lebensrute brachte Perchta in den Rauhnächten einen immergrünen Zweig ins Haus, um den Kindern ihren Segen zu geben. Vom Christentum wurde die Percht über Jahrhunderte hinweg verdammt und ihre Verehrung verboten. Viele überlieferte Sagen, in denen die Percht als grausam strafende Gestalt auftritt, die den Menschen Angst einjagt, die Bäuche aufschneidet und Ähnliches, stammen aus dieser Zeit. Den Menschen wurde die machtvolle Göttin genommen. Aus einer Winter- und Todesgöttin, die durch Winterstürme, das Ruhen und das Tod-Ähnliche in die zyklische Natur des Jahreskreises eingebunden ist, wurde eine Dämonin gemacht. Das heutige Perchtenlaufen der Alpenregionen bezieht sich auf eine verwandelte Form der ursprünglichen Göttin: Die Perchten heute sind wilde Naturgeister mit gruseligen Gesichtern, Hörnern und zotteligem Fell, die im Alpenraum in den Winternächten mit Fackeln umherlaufen und die Menschen erschrecken. Dennoch scheint hier trotz aller Verformung noch die ursprüngliche ungebremste Kraft der Göttin durch.

Die Mutter der Luft verehren

Zu Mittwinter lösche alle Lichter im Haus und entzünde um Mitternacht eine neue Kerze. Preise die Göttin, die aus dem Tod das Leben gebiert! Schmücke dein Haus oder deine Wohnung mit immergrünen Zweigen und roten Kerzen. Finde die Mutter der Luft an Orten, wo du den Wind fühlen kannst, zum Beispiel auf Hügeln und Bergen oder offenen Feldern. In den Rauhnächten verbrenne ihr Weihrauch und singe ihre Namen. In der Mütternacht lehre deine Kinder ihre Mutterlinie, erzähle ihnen die Namen und Geschichten ihrer Vormütter so weit zurück, wie du sie kennst. Wenn du Rat brauchst, verbrenne Weihrauch für deine Ahnen und lausche ihren Ratschlägen im Wind.

DIE MÄDCHENGÖTTIN

Wenn es dem Ende des Januars entgegengeht, wandelt sich die Göttin zur Mädchengöttin. Sie ist *Idun*, die Erneuernde, die die Energie des Neubeginns bringt, sie ist *Skadi*, das ungezähmte Mädchen, Wolfsmädchen, Jägerin und Jungfrau im eigentlichen Wortsinn, und *Brigida* mit der dreifachen Flamme der Heilung, der Schmiedekunst und der Poesie.

Auf dem Jahresrad ist der Nordosten die Himmelsrichtung der Mädchengöttin, und ihr Feiertag ist Imbolc am 2. Februar. Ihre Farbe ist Weiß. Die Birke mit ihrer weißen Rinde und der Apfelbaum mit seinen weißen Blüten sind ihr geweiht. Ihr Symbol ist der goldene Apfel, das Brigidakreuz und die dreifache Flamme. Von der Mädchengöttin kommt der Mädchengral: der Heilige Gral, der in der Legende von Parzival nur von einer Jungfrau getragen und berührt werden darf. Schlange und Wolf sind die Tiere der Mädchengöttin.

Idun

Idun ist die Göttin der ersten zartgrünen Triebe. Ihr Name bedeutet *die Erneuernde, die Verjüngende.* Sie ist die Hüterin der goldenen Äpfel der Unsterblichkeit, die den Göttern in Asgard ewige Jugend verleiht, und des Tranks der Poesie.

Die Mädchengöttin Idun mit den Äpfeln der Unsterblichkeit. Gemälde von Joanne Foucher, Wasserfarben auf Papier

In unzähligen Kulturen[28] ist der Apfelbaum ein heiliger Göttinnenbaum. Wenn man einen Apfel quer aufschneidet, zeigt sich ein fünfzackiger Stern, das alte Zeichen der Göttin. Der Apfel schenkt Unsterblichkeit, ist jedoch auch untrennbar mit Sinnlichkeit und Erotik verbunden, den Gaben der Liebenden Göttin.[29] Jeden Morgen erhalten die Götter von Idun einen goldenen Apfel zum Frühstück, und als dies ausbleibt, weil Idun vom Sturmriesen Thiassi geraubt wurde, altern die Götter sogleich. Da Loki an dem Raub nicht unschuldig war, ist es an ihm, Idun zu befreien. Er verwandelt Idun in eine Nuss und befreit sie in dieser Form aus dem Haus Thiassis.

Idun bringt den Frühling. Im Winter zieht sich das Leben in sich selbst zurück, reduziert sich auf die kleinste, energiesparendste Form: Nuss, Kern, Saatkorn.[30] Zu Imbolc erweckt sie die Saat, die tief in der Erde schläft. Anfang Februar kann es noch sehr kalt sein und Schnee liegen, doch wir spüren schon deutlich, dass die Tage wieder länger sind und das Licht stärker ist, als es zur Wintersonnenwende war. Oft regnet es um Imbolc herum auch sehr viel, und die Stimmung ist trister denn je im Winter. Doch die

Luft fühlt sich bereits anders an, und im Garten singen die Vögel von Hoffnung auf den neuen Frühling.

Iduns Kraft der Erneuerung und der Verjüngung ist machtvoll: stark genug, den Winter zu beenden und den Frühling anzukünden. Allerdings ist noch nicht Frühlingsanfang, sondern Idun bringt den kaum spürbaren Beginn. Sie weckt die Saat, die unter der Erde schläft auf. Zu Imbolc feiern wir das Versprechen, das sie uns gibt: dass der Frühling kommen wird. Ihre Schneeglöckchen strecken ihre Köpfe über den Schnee und nicken im eiskalten Wind, deutliches Zeichen dafür, dass die tiefste Dunkelheit hinter uns liegt. In der Zeit bis zur Frühlingstagundnachtgleiche breitet sich Iduns frisches Grün über dem Land aus, bringt den Lämmern frisches Gras und allen Menschen und Tieren Schneeglöckchen, Winterlinge und Krokusse.

Idun hütet den Trank der Poesie, den Dichter- oder Skaldenmet, der allen, die von ihm trinken, die Gabe des Gesanges und der herzgewinnenden Rede verleiht. Idun ist die Inspiration der Dichter und Sänger, und sie inspiriert auch uns. Sobald wir uns ihrer schöpferischen Energie öffnen, entsteht der Wunsch, ebenfalls kreativ zu werden. Die Göttin ist der Quell unserer Eingebung, ist unsere Inspiration. Gemeinsam mit ihr erschaffen wir neue Kunstwerke, durch die sie sich uns Heutigen zeigt. Wir werden angeregt, Bilder zu malen, Figurinen und Skulpturen zu schaffen, Gedichte, Lieder, Geschichten und Theaterstücke zu schreiben und aufzuführen. Die Inspiration kommt von ihr, und sie braucht uns, damit sie Gestalt annehmen.

Skadi

Skadi verkörpert den Archetypus des Wilden Mädchens, *wild* im Sinne von *frei, ungezähmt.*[31] Dieses ungezähmte Mädchen ist Teil der Natur, sie ist eins mit ihr. Sie kennt ihren Weg durch die Wildnis ganz genau und verläuft sich nicht. Die Wildnis ist ihre

Skadi, das ungezähmte Mädchen, ist Teil der Natur, der schneebedeckten Wälder und Berge. Joanne Foucher, Acryl auf Leinwand

Heimat, die Natur, in der sie sich nicht verirren kann, weil sie beide eins sind. Wir alle kennen diesen Archetypus und haben uns als Kinder genau so wahrgenommen. Vielleicht haben wir stundenlang in die Wolken schauen können oder uns dabei verloren, in einen Bach zu blicken. Vielleicht hatten wir die wahrhaftige Seelenverbindung mit unserer Katze, so dass wir genau verstehen konnten, was sie sagt. Leider durften die wenigsten von uns diesen Archetypus wirklich leben, diese für unsere gesunde Entwicklung zu heilen Erwachsenen elementar wichtige Lebensphase. Skadi zeigt uns, wie das geht:

Skadi lebt mit ihrem Vater auf den Felsen in Thrymheim, und ihr ganzes Verhalten zeigt ihre Einheit mit der Natur. Sie ist die freie junge Frau, die auf Skiern geräuschlos durch den Schnee gleitet. Auf Schlittschuhen überquert sie zugefrorene Gewässer. Sie ist die Tochter des Morgens, das Morgengrauen, das dunkle Blau nach der Schwärze der Nacht, das heller wird und sich mit zartem Rosa vermischt. Die Wölfe der Berge sind ihre Tiere, die sie auf ihren Streifzügen begleiten, ebenso geräuschlos und schnell wie sie selbst, und Skadi ist selbst das Wolfsmädchen, das mit den Bergwölfen heult. Ihre Stärke, Anmut und Geschmeidigkeit sind Skadis. Als Jägerin mit Pfeil und Bogen verfolgt sie, gekleidet in Felle und Häute, konzentriert ihre Beute. Skadi legt den Pfeil auf die Sehne, visiert ihr Ziel an – und trifft. Sie ist die Bewegung und die Geschwindigkeit, die ihren Weg ganz genau kennt, ohne fehlzugehen.

Gleichzeitig verkörpern diese Bilder aus Skadis Mythen auch die Lebenskraft nach der Winterstarre, die Morgendämmerung nach der Winternacht und bringen wiederum die Energie der Erneuerung. Vor allem aber bringt Skadi uns die Kraft des ungezähmten Mädchens, die Vollkommenheit des heilen Mädchens und die Gabe des Selbstvertrauens: Sie lädt uns ein, selbstbewusst, zielsicher und voller Freude unseren eigenen Weg zu gehen.

Bei der Befreiung Iduns durch Loki kommt Skadis Vater Thiassi ums Leben. Furchtlos macht sich Skadi daraufhin auf ihren Skiern und mit ihren Waffen auf den Weg und tritt den versammelten Göttern gegenüber, um zu fordern, was ihr zusteht: Die Götter sollen den Verlust des Vaters kompensieren und Skadi einen Ehemann stellen, den sie sich *selbst* aussucht! Darüber hinaus müssen die Götter Skadi zum Lachen bringen. Dieses gesunde, selbstbewusste Mädchen stellt sich nicht in Frage, sondern fordert die mächtigsten der Götter heraus, ihr das zu geben, was ihr zusteht. Im Falle einer Ablehnung ist sie bereit, gegen alle Götter zu kämpfen. Skadi ist nicht verloren, sondern bleibt unbeirrbar auf dem Weg, der für sie richtig ist. Sie lehrt uns, dass Mädchen und Frauen nicht gefallen müssen, sondern selbstbewusst sein dürfen und nur sich selbst verpflichtet.

Die zweite Forderung, dass die Götter sie zum Lachen bringen müssen, weist einerseits darauf hin, dass sie die Götter dazu bringt, Verantwortung für das Opfer ihrer Tat zu übernehmen. Die, die den Schmerz verursacht haben, müssen auch die Heilung herbeiführen. Zum anderen wird das Lachen, das Skadis ernste, grimme Mine erheitert, als Licht gedeutet. Hier ist das helle, reine Licht gemeint, in dem ein heiles Mädchen leuchtet – ein Mädchen, das nicht verformt und verbogen wurde.

Skadi verkörpert als Göttin genau den Moment des Übergangs vom Winter zum frühesten Frühling. Wie Idun bringt sie noch nicht den Frühling, sondern das Versprechen von Frühling, die Bewegung nach der Starre, das Erwachen und den Neubeginn. Ihr Licht ist nicht das gleißende, strahlende Licht der aufgehenden Sonne, die alles erhellt, sondern die vage Morgendämmerung und das erste fahle Licht nach der Dunkelheit.

Skadi ist eine Jägerin, die klar weiß, wann sie tötet und wann nicht. Sie ist mitleidslos und nährend in einem, lässt noch immer die Härte des Winters und schon die Sanftheit des Frühlings erkennen. So steht sie genau richtig zwischen dem Tod im Norden und dem aufflammenden Lebensfunken im Osten.

Ähnlich wie Artemis und Diana ist Skadi eine jungfräuliche Jägerin. Im eigentlichen Wortsinn hat das Wort *Jungfrau* nichts mit biologischer Jungfräulichkeit zu tun, sondern bedeutet, dass sie für sich allein heil und vollkommen ist, unverheiratet ist und nicht von einem Mann abhängig.

Als Skadi sich ausbittet, ihren Ehemann selbst auszuwählen, hat sie eigentlich den schönen Balder im Sinn. Es kommt jedoch anders, und Skadi heiratet Njörd, den Meeresgott. Sie vereinbaren, jeweils neun Nächte am Meer und drei Nächte in den Bergen zu schlafen. Diese Vereinbarung macht die Eheleute nicht glücklich. Njörd kann in den Bergen nicht schlafen, da ihn das Heulen von Skadis Wölfen wachhält. Skadi geht es am Meer nicht besser, sie wird von Vögeln, besonders der Möwe, wachgehalten.

Daraufhin trennen sich die Eheleute, und Skadi kehrt in ihr eigenes Reich in den Bergen zurück. Dieses Intermezzo ihrer gescheiterten Ehe wirkt wie eine interessante, aber völlig undramatische Episode auf Skadis Weg durch die Wildnis. Sie bleibt Jungfrau, frei und stark, und setzt ihr Leben fort, wie es ihr entspricht: als das freie, wilde ungezähmte Mädchen, das sie ist.

Brigida

Im vorchristlichen Irland war Brighid, latinisiert Brigida, die wichtigste Göttin, die als Mädchen, Liebende, Mutter und Greisin alle Aspekte der Großen Göttin umfasste. In Avalon wird sie vor allem zu Imbolc als Weiße Göttin in ihrem Aspekt als Mädchen verehrt. Der Name ihres Festtages Imbolc kommt vom irischen *Oimelc*, was *ewe's milk* – die erste Schafsmilch nach dem Winter – bedeutet. Dies ist die Jahreszeit, in der die ersten Lämmer geboren werden und in der somit die Laktationsphase der Mutterschafe beginnt.

Brigida mit Schaf und Kuh und Mantel, Buntglasfenster Kapelle Kronenburg (Foto von Annette Ziegler)

Die dreifache Flamme

Brigidas Name bedeutet *Die Helle, Die Strahlende*, und kommt von derselben Wurzel wie der Name Perchtas. Es heißt, dass es die Kraft ihres Feuers ist, die den Winter vertreibt. Sie ist die Hüterin der dreifachen Flamme der Poesie, der Heilung und der Schmiedekunst. In keltischer Zeit trugen die Barden einen Zweig mit silbernen Glöckchen bei sich, der geschwenkt wurde, bevor sie zu rezitieren begannen, um mit dem Läuten Brighid zu ehren und einzuladen. Wie Idun inspiriert sie uns, Göttinnenlieder, -gedichte und -geschichten zu schreiben und vorzutragen.

Die Flamme der Heilung weist Brigida auch als Göttin der Heilkunst aus. In einer überlieferten Geschichte begegnet Brigida einer kranken Mutter mit vielen hungrigen Kindern. Voller Mitgefühl berührt Brigida die Frau und ihre Kinder mit dem Heilungsgürtel, den sie um die Hüfte trägt, und sofort wird die Familie wieder gesund. Brigida schenkt der Frau den Gürtel und weist sie an, damit Kranke zu heilen, und sich im Austausch dafür mit Nahrung, Kleidung und Geld bezahlen zu lassen, um sich und ihre Kinder zu versorgen. Viele Heilquellen auf den Britischen Inseln sind Brigida geweiht. In Deutschland gibt es in Preying in Niederbayern eine Brigidaquelle, und die Eifelklinik in Simmerath führt ihre Heilungsarbeit in Brigidas Namen aus.

Wie alle keltischen Feste beginnt Imbolc bei Sonnenuntergang des Vorabends, am Abend des 1. Februar, und endet am Abend des 2. Februars. In Irland hängt man am Imbolcabend ein Kleidungsstück hinaus. In der Nacht kommt Brighid vorbei und segnet das Kleidungsstück, so dass man das ganze Jahr lang gesund bleibt.

Die Flamme der Schmiedekunst deutet auf Brigidas Aspekt als Verwandlerin und Alchimistin hin. So wie sich Schlacke von Erzen absetzt und das reine Metall freigibt, werden wir in ihrer Schmiede eingeschmolzen. Das, was uns hindert und uns nicht dient, wird in ihrer Schmiede aus uns herausgeschmolzen, und wir kommen reiner und freier aus ihrem Feuer. Diese Umwandlung ist ein Befreiungsprozess, der uns zu uns selbst zurückbringt. Alles, was uns hindert und uns nicht guttut, kommt gewöhnlich von außen, wir sind als perfekte Wesen – als Wilde, Ungezähmte Mädchen – geboren. Die Alchimisten des Mittelalters strebten danach, Blei in Gold zu verwandeln. Der Transformationsprozess in Brigidas Schmiede ist anstrengend und kann schmerzhaft sein, doch am Ende wird das Gold in unserer Seele wieder freigelegt sein.

Manchmal wird der Name Brigida auch von *breo-saigit* abgeleitet, was *feuriger Pfeil* bedeutet.[32] Einerseits wird sie dadurch, genau wie Skadi, mit den jungfräulichen Jägerinnen der Antike Artemis und Diana verbunden, andererseits verweist dies auf

Sternschnuppen und Kometen und das kosmische Feuer, das sich in ihrer dreifachen Flamme wiederfindet.

Die heilige Brigida

Mit der Christianisierung Irlands durch Saint Patrick wurde aus der keltischen Göttin Brighid die Heilige Brighid. Diese soll im 5. Jahrhundert in Kildare ein Kloster gegründet haben, in dem 19 Nonnen Nacht für Nacht die heilige Flamme hüteten, während in der 20. Nacht die Heilige Brighid selbst die Wacht übernahm. Unter Heinrich VIII. wurde das Kloster aufgelöst und die Flamme gelöscht. 1807 wurde wieder eine Schwesternschaft gegründet, die Brigidine Sisters, und Brighids Flamme brennt nunmehr wieder seit über 200 Jahren in Kildare. Brighids Schrein dort ist heute ein sehr bekanntes Pilgerzentrum.

In der Eifel gibt es mehrere Brigidaorte, zum Beispiel Kapellen in Holzem bei Effelsberg, Eicherscheid und Kronenburgerhütte bei Kronenburg oder Pfarrkirchen in Keldenich, Untermaubach und in Blumenthal. Am 1. Februar wird jedes Jahr in der St. Salvatorbasilika in Prüm ein Pilgeramt durchgeführt.

Das Innere Mädchen

Brigida ist in jedem Kind gegenwärtig. Sie ist heil. Sie ist das Mädchen, das auf der Welt ist, um Liebe zu geben und um Liebe zu bekommen. Wir alle tragen diese ihre Energie in uns, wenn wir geboren werden. Wenn Kinder nicht die Liebe und Zuwendung bekommen, die sie brauchen, lernen sie sich anzupassen: Sie werden zur Prinzessin. – Oder sie werden hart, werden zur Schildmaid, um zu überleben.[33] Dies sind die Verzerrungen des Ungezähmten Mädchens, Schattenarchetypen. Innerlich sind wir dann unser Leben lang ein verletztes, ängstliches Kind.

Brigida kann uns helfen, für unser Inneres Mädchen zu sorgen, damit sich die Wunden schließen und heilen können. Kinder stehen unter Brigidas ganz besonderem Schutz. Deshalb ist sie als Heilerin außerdem die Göttin der Schwangeren, Wöchnerinnen und Neugeborenen. Sie ist die Hebamme des Lebens und des Todes, die den Seelen ins Leben, in die Fleischwerdung, und, wenn wir sterben, auch in die Anderswelt hilft.

Hängt man denselben Schal, dieselbe Decke oder dasselbe Tuch jedes Jahr in der Imbolcnacht wieder hinaus, dann wird Brigidas Kraft in diesem »Mantel« um so stärker. Es heißt, wenn man Babies in diesen Mantel hüllt, schlafen sie besser durch und haben weniger Verdauungsschwierigkeiten und Zahnungsbeschwerden.

Imbolcbräuche

In Schottland wird der Segen Brigidas zu Imbolc traditionell in jedes Haus gebracht. Die zeremoniellen Worte sind: *Lasst Brigida herein! Lasst Brigida herein!* Darauf wird geantwortet: *Brigida! Komm herein, dein Bett ist gemacht. Bewahre dieses Haus der dreifachen Göttin*! Ein Puppenbett oder eine Kiste, von den älteren Frauen der Familie geschmückt und mit Stroh gefüllt, steht in der Nähe des Herdes, Kaminfeuers oder Holzofens. Die Brigidapuppen werden, zusammen mit einem Stab aus hellem Holz, der Brigidas geheimen Gefährten symbolisiert, in dieses Bett gelegt. Wenn das Feuer heruntergebrannt und ausgegangen ist, wird die Asche geglättet. Am nächsten Morgen sehen die Frauen der Familie nach, ob in der Asche Fußspuren zu sehen sind, die anzeigen, dass Brigida da war und dem Haus ihren Segen gebracht hat.

Früher wurden Brigidapuppen aus Roggenähren hergestellt und mit Schmuck und Schneeglöckchen dekoriert. Heute rufen wir Brigidas Inspiration in unser Leben und nähen Brigidapuppen. Diese sind Symbole unseres Inneren Mädchens, zugleich auch Darstellungen der Göttin. In Zeremonien rufen wir Brigida heute mit den überlieferten Worten. Dann trägt das jüngste Mädchen der Familie die Puppe herein und legt sie in ihr Bett. Während der Feier werden traditionell Kekse aus Roggenmehl und Honig gegessen, und in den Wohnungen, in denen es kein Feuer mehr gibt, stellen wir eine Schale mit Roggenmehl auf, in der wir am nächsten Morgen nach Brigidas Fußspuren schauen.

Sehr bekannt ist der Brauch, zu Imbolc Brigidakreuze zu binden. Diese Kreuze aus ineinander verschlungenen Binsen haben vier gleichlange Arme und sollen von der heiligen Brigida erfunden worden sein. Es ist wahrscheinlich, dass sie aber viel älter sind, denn sie sind Varianten der Swastika, des alten Sonnen- und Glückssymbols. In Irland werden Brigidakreuze jedes Jahr zu Imbolc in der Schule geflochten, die dann verschenkt werden. Oft werden sie das ganze Jahr aufbewahrt, meist in der Küche über dem Herd. Hier zeigt sich die Feuergöttin Brigida, die dem Herdfeuer innewohnt.

Die Tiere der Mädchengöttin

Brigidas heilige Tiere sind traditionell die weiße Kuh mit den roten Ohren, der Schwan, die Schlange und der Wolf – der ebenso Skadis heiliges Tier ist. Weiße Tiere sind in zahlreichen alten Geschichten Tiere aus der Anderswelt. Wenn dann noch rote Ohren oder Ohrenspitzen dazukommen, ist das Tier eindeutig als Tier der Göttin gekennzeichnet.

Die Kuh bringt uns den Segen des Nährenden, der Fürsorge. Milch ist das erste, was alle Säugetiere, so auch wir Menschen, im Leben zu uns nehmen. Milch hat unser Leben ermöglicht. Das Sonnensystem, in dem sich unsere Erde befindet, in dem wir alle leben, heißt Milchstraße. In der germanischen Prosa-Edda werden Menschen und Götter von der Kuh Audhumbla geschaffen. Brigida als Mädchengöttin segnet die nährende Milch; insgesamt wird die Kuh jedoch eher der Göttin in ihrem Aspekt als Mutter zugeordnet. Dies ist kein Widerspruch, denn Mädchengöttin und Muttergöttin liegen sich auf dem Göttinnenrad gegenüber. Es bestehen immer interessante Beziehungen zwischen den Archetypen, die sich gegenüberliegen. Die Beziehung zur Mutter ist für die Entwicklung des Mädchens sehr wichtig, und die Erfahrungen, die ein Mädchen im Kindesalter macht, beeinflussen, wie sie als Mutter ist.

Das Lamm ist das Begleittier der Mädchengöttin: Werden die ersten Lämmer geboren, dann erscheint die Mädchengöttin.

Die Schlange verkörpert durch das Abwerfen ihrer alten Haut die Wiedergeburt und den Beginn von Neuem wie kaum ein anderes Tier. Darüber hinaus ziehen sich Schlangen zum Überwintern in Höhlen unter Steinen und Felsen zurück und kommen Anfang Februar erst wieder hervor. Wie die neugeborenen Lämmer sind sie also Boten zu Imbolc, die von Brigidas Ankunft künden.

Der Wolf ist der Begleiter von Skadi und Brigida. Er verkörpert Freiheit, Stärke und – da Wölfe in Freiheit in Familien und nur in Gefangenschaft im Rudel leben – neben der Ungezähmtheit des Mädchens, auch Gemeinschaft und Schutz.

Der Wolf der Mädchengöttin. Gemälde von Anna-Marie Dömland-Foucher. Öl auf Leinwand

Die Mädchengöttin verehren

Lass dein Inneres Kind ungezähmt sein wie Skadi: Geh Schlittschuh- oder Skilaufen und spüre die wilde Kraft der Mädchengöttin. Beobachte, welche Gedanken und Gefühle in dir aufsteigen und lass dich von deinem Wilden Kind leiten. – Es verirrt sich nicht.

Wenn du die ersten Schneeglöckchen siehst, feiere Zeremonien der Erneuerung und bringe der Mädchengöttin Milch dar. Bete zu Idun um Inspiration und verfasse Gedichte und Lieder. Entzünde zu Imbolc eine Kerze mit drei Dochten oder drei Kerzen und bitte um Heilung, Inspiration und Verwandlung. Hänge einen Schal aus dem Fenster, bastele Brigidakreuze und bereite Brigida ein Bett. Besuche die Orte der Mädchengöttin: Brigidakapellen, bewaldete Berge, Gehege von Wölfen und Reptilienhäuser. Singe ihre Namen, wenn du die ersten Schneeglöckchen findest.

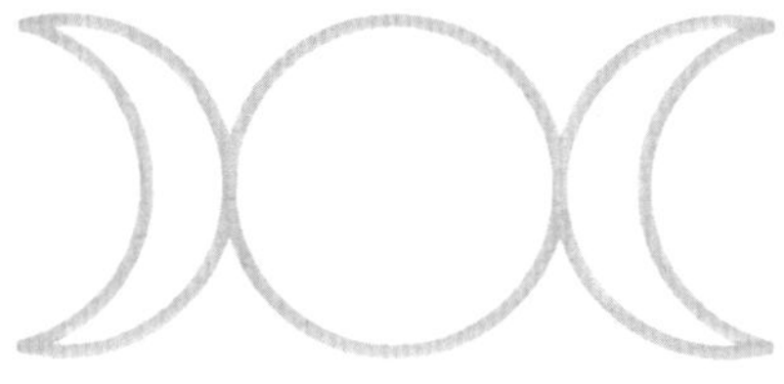

DIE MUTTER DES FEUERS

Zur Frühlingstagundnachtgleiche wandelt sich die Göttin zur Mutter des Feuers. Sie ist die Göttin des kosmischen Feuers: *Sunna*, die Sonnengöttin, *Ostara*, die grüne Göttin der Fruchtbarkeit im Frühling, *Liuba*, die Göttin des Mondfeuers, und *Artio*, die Bärin des Sternenfeuers.

Die Himmelsrichtung der Mutter des Feuers auf dem Göttinnenrad ist der Osten, wo sich jeden Morgen strahlend die Sonne erhebt, und ihre Farbe ist das frische Grün des Frühlings. Ihre Symbole sind Frühlingsblumen, rote Eier und der Kraftstab. Die Tiere der Feuergöttin sind der Hase, die Bärin und der Frosch. Ihre mythologischen Geschöpfe sind die Feuerdrachen, und ihr Baum die Hasel, die Frühling, Leben und Unsterblichkeit verkörpert. Die Mutter des Feuers segnet uns mit feuriger Energie, mit Fruchtbarkeit und mit Gleichgewicht.

Sonnengöttin Sunna, Sól

Die Mutter des Feuers auf dem deutschen Göttinnenrad ist Sunna, die Sonne. Sie ist der Sonnenaufgang im Osten, das zarte Rosarot und die glutheiße, geballte Feuerenergie der Sonne zu Mittag. In den romanischen Sprachen ist der Mond weiblichen Geschlechts und die Sonne männlich, in den germanischen Sprachen, im Altirischen sowie im Sanskrit ist es jedoch andersherum. In der nordischen Mythologie heißt die Sonnengöttin *Sól*. Der Name Sunna ist uns aus dem zweiten Merseburger Zauberspruch überliefert. Das Feuer der Sonne brennt hell und kräftigt und zeigt uns das Heilige in unserem alltäglichen Leben: Die Strahlen der Sonne spenden uns Wärme, Licht und Energie, ohne die keine Photosynthese möglich wäre und kein Leben auf der Erde existieren würde. In vielerlei Hinsicht also ist die Sonnengöttin die lebensspendende Göttin.

Zur Frühlingstagundnachtgleiche feiern wir ihre Rückkehr. Im Märchen bringt der Froschkönig die Sonne, die goldene Kugel, aus der Tiefe des Brunnens zurück. Dieses Motiv ist ein Symbol für die Rückkehr des Sonnenlichts nach dem Winter, und der Frosch ein Tier, das der Sonnengöttin heilig ist.

Sunna ergießt ihr lebensnotwendiges Licht über das Land.

Liuba

Der Name der Frühlingsgöttin bei den sorbischen Slawen war *Liuba*. Ihr Name bedeutet *Liebe* oder *die Liebende*. Liuba wurde in Lübben, Brandenburg, verehrt. Zahlreiche Städte im Spreewald und Stadtteile von Berlin tragen ebenfalls noch immer ihren Namen, so Lübbenau, Lübnitz und Berlin-Lübars. In Lübben hatte Liuba einen Tempel mit großem Bildnis, der sich im heutigen Großen Hain befunden haben soll. Seit 1856 steht dort ein Gedenkstein, in den nur der Name der Göttin eingemeißelt ist. Liuba ist wie Sunna eine Göttin des Sonnenaufgangs, die mit der Morgenröte und dem Morgenlicht strahlt. Ihre Frühlingsfeuerenergie bringt den Frühling, das Wachstum und die Fruchtbarkeit. Und in ihr schwingt bereits die Energie der Liebenden Göttin, denn Liuba ist auch die feurige Energie des Erwachens im Körper und Beschützerin der Liebenden. Besonders aber ist Liuba mit dem Mond verbunden.

Die Mutter des Feuers erscheint neben der Sonne auch im Sternenfeuer und im Mondfeuer. Die zunehmende Mondsichel, der Vollmond und die abnehmende Mondsichel sind ein bekanntes Symbol für die dreifache Göttin: Mädchen, Mutter und Greisin. In den drei Mondphasen sehen wir außerdem ein Spiegelbild der Spirale des Lebens aus Wachsen, Fülle, Vergehen, Tod, Wiedergeburt.

Frauen haben durch ihren monatlichen Zyklus einen unmittelbaren Bezug zum Mond. Unter natürlichen Lichtverhältnissen und ohne Eingriffe in ihren Hormonhaushalt (z.B. durch die Pille) haben die meisten Frauen natürlicherweise zum Vollmond ihren Eisprung und bluten zum Schwarzmond. Dieses heilige Mondblut ist das einzige Blut, das vergossen wird, ohne dass eine Verletzung stattgefunden hat, und birgt große Lebenskraft in sich.[34] Außerdem berichten Hebammen, dass bei Vollmond mehr Geburten beginnen.

Ähnlich eng wie die Beziehung mit uns Frauen ist die Beziehung des Mondes mit dem Meer: Er steuert die Gezeiten des

Das magische silberne Licht des vollen Mondes fließt in unseren Adern.

Meeres, und der Tidenhub ist bei Vollmond deutlich größer. Das Meer ist Sinnbild für Emotionen, für sinnliche Erlebnisse, für das Fruchtwasser bei der Schwangerschaft und für Verborgenes, Geheimnisse unter der Oberfläche, die wir nur erahnen können.

Im Frühling beginnen die Heilkräuter wieder zu wachsen, und Liuba unterweist die weisen Frauen im Brauen von Zaubertränken. Sie schenkt uns das Wissen um die richtige Zeit des Sammelns der Kräuter, welche Teile der Pflanzen zu verwenden sind und die richtige Zubereitung und Anwendung. Das Feuer der Mondgöttin fließt in unseren Adern. Es leuchtet eher silbern und blass und zieht uns zum mysteriösen, geheimnisvollen Heiligen. Liuba schenkt uns prophetische Träume und gewährt den Frauen, die beim Licht des Vollmondes oder in der dunklen mondlosen Nacht ihr Orakel befragen, Einsichten und Führung.[35]

Ostara
Grüne Göttin der Fruchtbarkeit

Die Kraft der Feuergöttin teilt sich im Frühling durch die Energie des vorwärtsstürmenden Lebens mit. Nach der Zeit des Todes und des Ruhens im Winter ersteht die gesamte Natur wieder neu auf: In den Pflanzen steigen die Säfte, Frühlingsblumen blühen, nachdem die Welt monatelang grau war, in kräftigen Farben, die Tiere beginnen, sich ihre Gefährten zu suchen, und wenn die Sonne die Tage wieder wärmer werden und die Farben leuchten lässt, spüren auch wir Menschen diese aufsteigende Energie in unseren Körpern.

Dieses Feuer, das uns antreibt, können wir unmöglich in unseren Leibern einschließen, diese Energie muss ausgelebt werden. Dabei können es unterschiedliche Flammen sein, die da lichterloh brennen: das Feuer der Kreativität und der Begeisterung, des Intellekts, des Geistes, der Leidenschaft und des Mutes.

Im Jahresrad ist dies die Energie, mit der wir unseren Träumen und Projekten Kraft und Nahrung geben. Wir können der Vision, deren ersten zarte Keime zu Imbolc erschienen sind, nun

Nach dem Grau des Winters strahlt Ostaras Kraft in den leuchtenden Farben im Sonnenlicht.

mit voller Kraft Energie zuführen und dafür arbeiten, dass sie sich manifestieren. Frische, frühlingsgrüne Blätter sprießen nun an den Zweigen und überall öffnen sich die Knospen. Auf dem deutschen Rad ist Ostara, mehr noch als Liuba, die Göttin, die diese Energie verkörpert.

Oft wird versucht zu beweisen, dass es sich bei Ostara um ein sprachwissenschaftliches Konstrukt handelt und es keine vorchristliche Göttin Ostara gab. Der englische Kirchenhistoriker Beda Venerabilis leitete im 8. Jahrhundert nach der Zeitenwende den Namen des Osterfestes vom Namen einer Frühlingsgöttin ab, die er Eostrae nannte. Auf dieser Grundlage konstruierte Jacob Grimm zur Zeit der deutschen Romantik eine germanische Frühlings- und Vegetationsgöttin, die er Ostara nannte. Ob dies nun der Name war, unter dem die Frühlings- und Fruchtbarkeitsgöttin in vorgeschichtlicher Zeit verehrt wurde, oder nicht: Er wird seit dem 19. Jahrhundert für die Kräfte des Lebens verwendet, die im Frühling sichtbar hervortreten. Die jungen Lämmer und Hasen, die Blumen und die Eier nach der Leere des Winters: All dies sind alte Symbole aus vorchristlicher Zeit für die Spirale des Lebens, die neue Zeit der Fruchtbarkeit nach der Unfruchtbarkeit des Winters und das sichtbare Geschenk und Versprechen der Göttin: dass die Kette des Lebens nicht abreißt.

Der Frühling ist eine positive Zeit, die – wie das Ei, ein weiteres Symbol der Frühlingsgöttin – das Potential zu allem in sich trägt und von der Hoffnung begleitet wird, dass eine gute glückliche Zeit vor uns liegt. Der Name Ostara hält in sich die Energie dieser jungen Kraft, und deshalb nennen wir die Göttin, die diese Energie verkörpert, heute Ostara. Diese Energie ist uralt, dieses Gesicht der Göttin bekannt, ihr Name aber möglicherweise erst ein paar Hundert Jahre jung. Wir wissen es nicht. Diese bewusste Verwendung des neuen Namens aber folgt dem Lebensprinzip der Göttin, dass sich im Lebenskreis alles wandelt und erneuert, doch der göttliche Kern im Zentrum unsterblich ist.

Zur Zeit der Frühlingstagundnachtgleiche springt der Lebensfunke auf die Frühlingswelt über, strömt die grüne Energie des

Frühlingsfeuers durchs Land, und wir können auf unseren Spaziergängen in sie eintauchen. Das Gras sprießt nach dem Winter wieder und überzieht das Land mit dem grünen Mantel der Göttin. Kräuter und Blumen, Märzenbecher, Primeln und vieles mehr blühen in der freien Natur, und Ostaraglocken (mein inneres Feuer inspiriert mich, mit Sprache zu spielen und neue Wörter und Namen zu erfinden, die die Göttin in unserer Sprache gegenwärtig machen) und Tulpen in unseren Gärten. Wir spüren die Grüne Energie, die die Erde durchströmt, in unseren Körpern, und wir fühlen die Erneuerung und die Kraft.

Der Name des christlichen Osterfestes geht auf Ostara zurück.[36] Viele Bräuche der Frühlingsfeste haben sich im Osterbrauchtum erhalten. Wir färben Eier, die wir am Ostermorgen im Garten suchen. In den Eiern zeigt sich das Geschenk der Göttin des wiederkehrenden Lebens und der Fruchtbarkeit. In der alten Zeit gab es im Winter keine Eier, wenn die Nacht länger als der Tag war. Eier kamen jährlich erst mit der Frühlingstagundnachtgleiche wieder.[37] Morgens ging man jeden Morgen hinaus und suchte die in der Nacht gelegten Eier. Dies ist die Suche nach der Fruchtbarkeit der Göttin, nach ihrem Geschenk des Lebens.

Frühstück voll altem Göttinnenwissen: Drei verflochtene Teigstränge, das Ei und die rote Farbe wirken im Frühling einen starken Fruchtbarkeitszauber.

Zu Ostaras Frühlingsfest färbten die Frauen die Eier in der Farbe ihres Mondblutes rot, um ihre eigene Fruchtbarkeit und die der gesamten Natur zu feiern . Heute backen wir zu Ostern Hefekuchen, die in der Mitte eine vulvenörmige Vertiefung haben, in der ein rotes Ei liegt. Ich backe gern Hefezöpfe, die ich zum Kreis schlinge und mit dem roten Ei vervollständige – ich nenne sie *Ostaranester*, und die gibt es bei uns traditionell zur Frühlingstagundnachtgleiche zum Frühstück.

Brot backen ist immer ein magischer Akt: Korn wurde angebaut, gepflegt und geerntet, verändert und einer bestimmten Abfolge von Handlungen unterzogen, damit am Ende Nahrung herauskommt, die wir in uns aufnehmen. Bei den Hollezöpfen kommt noch die Flechtmagie dazu: Stränge werden miteinander verschlungen und das Schicksal gewendet.

Die grüne Energie, die das ganze Land fruchtbar macht, durchströmt auch das Wasser. Es gibt zahlreiche Überlieferungen, nach denen sich die Göttin in ihrer Gestalt als Altes Winterweib zur Frühlingstagundnachtgleiche in Teichen oder Quellen badet und verjüngt als Frühlingsgöttin aus dem Wasser steigt. Wasser, das man vor Sonnenaufgang am Tag der Frühlingstagundnachtgleiche schöpft, schenkt Fruchtbarkeit, Gesundheit, Jugend und Schönheit.

Frauen mit Kinderwunsch backen nicht nur Hollezöpfe und Ostaranester, sondern trinken am Ostaramorgen frisches Wasser aus Quellen oder Bächen. Wer in dem Wasser badet, erneuert sich wie die Göttin selbst. Das traditionelle Osterfrühstück ist nur mit Hefezopf komplett. Diese Art von Brot ist uralt: das Flechten der drei Teigstränge wandelt die Dinge und webt das Muster neu. Ich weiß aus eigener Erfahrung, dass Ostaras Zauber wirkt: Ein halbes Jahr lang haben mein Mann und ich versucht, dass ich schwanger wurde. Drei Wochen nach der Frühlingstagundnachtgleiche, wo wir Hollezöpfe und Ostaranester gebacken hatten und ich mich bei Sonnenaufgang im Bach wusch und das Wasser trank, wurde ich schwanger. Unsere Tochter wurde kurz nach Imbolc im folgenden Jahr geboren.

Ostaras feurige Frühlingskraft von Wachstum und Fruchtbarkeit ist so stark, dass ihr Name heute oft synonym mit *Frühlingstagundnachtgleiche* verwendet wird, wenn man von dem Fest spricht. Zu Ostara schmücken wir unsere Häuser und Wohnungen mit Tulpen und Ostaraglocken und tragen so ihre Energie in unser Heim. Wir stellen frische Zweige in Vasen, pusten Eier aus und bemalen sie. Dann hängen wir sie in die Zweige. Das Osterfeuer meiner Kindheit drückte genau die Energie der Frühlingskraft aus, des Feuers der Frühlingsgöttin, und heute entzünden wir Tagundnachtgleichefeuer und teilen hartgekochte Eier miteinander. In Zeremonien rufen wir Ostara an und ihre Energie in unser Leben, bitten um die Kraft, unsere Visionen verwirklichen zu können, und um Fruchtbarkeit in unserem Leben.

Artio
Die Bärengöttin

Zur Frühlingstagundnachtgleiche erwachen viele Tiere aus dem Winterschlaf. Die gewaltige Kraft, mit der das Leben im Frühling zurückkehrt, wird durch die Bärin verkörpert, die nun ihre Höhle verlässt. Artio ist der keltische Name der Bärengöttin, die in Mitteleuropa seit der Eisenzeit belegt ist, sicherlich aber schon früher verehrt wurde. Die ältesten bis jetzt bekannten Funde stammen aus römischer Zeit, der Name Artio geht jedoch auf das keltische *art* zurück, was *Bär* bedeutet. Eine Felsinschrift belegt die Verehrung der Artio an der Mosel. In einer Schlucht in der Südeifel wurde ARTIONI BIBER, *Für Artio von Biber*, in die Felswand gemeißelt.[38]

Die Autorin in der Biberschlucht, Rheinland-Pfalz, an der Weiheinschrift für die Bärengöttin Artio in der Südeifel

Wenn sie sich auf die Hinterbeine aufrichtet, ist die Bärin eine ehrfurchtgebietende, beeindruckende Gestalt, ausgerüstet mit spitzen Zähnen und scharfen Krallen, ein Bild von Stärke und Kraft. Artio ist sich ihrer Kraft bewusst und setzt sie auch ein. Diese Energie kommt aus der Ruhe, die sie sich im Winter gegönnt hat und die wir uns heute durch unseren Lebenswandel oft vorenthalten. Und obwohl viele Frauen verlernt haben, sich selbst Ruhepausen zu gönnen, und unter Müdigkeit und Erschöpfung Großartiges leisten, gilt das weibliche Geschlecht als schwach.

Tatsächlich galt es jahrhundertelang als unweiblich, stark zu sein. Auch werden heute noch Mädchen dazu angehalten, Ärger und gerechten Zorn zu unterdrücken und lieber »lieb« zu sein. Artio, die Höhlenschläferin, kennt ihre Kraft und setzt sie ein, wenn sie sich oder ihre Jungen bedroht fühlt; sie brüllt laut, sie greift an, sie wehrt sich. Sie kann Frauen ein Vorbild sein, ihre eigene Kraft zuzulassen. Wenn wir uns erinnern, dass unter all der Konditionierung diese Bärenstärke unsere ureigene Kraft ist und es uns zusteht, starke Frauen zu sein, finden wir in uns einen Kraftquell, den uns niemand nehmen kann. Darüber hinaus bringt uns Artio das Geschenk des Wechsels von Tätigkeit und Ruhe und eines Lebens im Einklang damit – als unser angeborenes Recht.

Nach Sunnas Sonne und Liubas Mond vervollständigt Artio das kosmische Feuer: sie ist die Göttin des Sternenfeuers. Das Sternbild des Großen Bären heißt auf Latein *Ursa maior*, was auf Deutsch übersetzt eigentlich *Größere Bärin* heißen müsste. Mir gefällt die Idee, diese Bezeichnung *Große Bärin* in den deutschen Sprachgebrauch einzuführen. Der größte Teil der Großen Bärin ist von Deutschland aus ganzjährig sichtbar. Wie schön, dass unsere Kraftspenderin nie von unserer Seite weicht, sondern jede Nacht am Himmel steht, um uns an unser inneres Feuer und unsere eigene Kraft zu erinnern!

Die Tiere der Feuergöttin

Neben Sunnas Frosch, Ostaras Henne und Artios Bärin ist der Hase das wichtigste Begleittier der Frühlings- und Feuergöttin.

Wie bereits ausgeführt, holt der Frosch im Frühling nach alter Vorstellung die Sonne aus den Tiefen der dunklen Gewässer zurück, in die sie den Winter über hinabgestiegen war. Huhn (Henne) und Ei sind Symbole für die Fruchtbarkeit der Göttin der Frühlingstagundnachtgleiche, für die Energie des jungen Lebens und für die Zukunft, denn das Ei hält die Zukunft und das Potential zu allem in sich.

Wo der Frosch mit der Sonne verbunden ist, wird der Hase in vielen Kulturen um den ganzen Erdball mit der Mondgöttin assoziiert. In Japan zum Beispiel sagt man, auf dem Mond lebe ein Hase. Besonders der Märzvollmond wird mit Hasen in Verbindung gebracht. In diesen Nächten kann man beobachten, wie die Hasen im Mondlicht herumtoben, als wären sie toll geworden: der sprichwörtliche verrückte Märzhase. Liubas Mondlicht ist den Hasen ins Blut gefahren, und immer wieder unterbrechen sie ihr Toben, halten ein und blicken zur Mondgöttin hinauf, ganz genau wie wir Menschen im Frühling.

Seine enge Beziehung zum Mond macht den Hasen zum Botschafter der Göttin, der mit Leichtigkeit aus unserer Welt der Menschen in die Welt der Göttin und wieder zurück reisen kann. Es heißt, wenn Frau Holle in ihrer Gestalt als Frühlingsgöttin nachts unterwegs ist, tragen Hasen ihr Lichter voraus. Daneben symbolisiert der Frühlingshase mit seinen Jungen natürlich auch wieder die Fruchtbarkeit, die die Frühlingsgöttin der Erde schenkt.

Das Feuer des Geistes

Auf dem Rad der Göttin repräsentiert Feuer den Geist, den Kopf. Etwa in den letzten 5000 Jahren wurde dem Geist mehr und mehr Bedeutung zugemessen, so dass er heute oft über Körper, Herz und Seele gestellt wird. Tatsächlich bewertet er diese vielfach sogar. Wie oft unterdrücken oder ignorieren wir unsere Emotionen zu Gunsten unserer Ratio? Dies ist höchst ungesund für den Menschen insgesamt. Tatsächlich ist der Geist verbunden mit den anderen Elementen, die uns ausmachen, ihnen gleichwertig, aber nicht übergeordnet. Der Geist ist ein großartiges Geschenk, ein mächtiges Werkzeug, dass uns im Alltag große Dienste erweisen kann. Seine wahre Aufgabe ist es, der Seele zu dienen, nicht sie zu beherrschen.

Das innere Feuer

Wir können das Feuer Ostaras in uns immer dort finden, wo wir spüren: Hierfür brenne ich! Wir können ihr Feuer in unserem Körper als sexuelle Energie erleben, wenn sich die Kundalinischlange entlang unserer Wirbelsäule entrollt. Unsere innere Flamme kann noch auf zahlreiche andere Weise brennen, mit dem Feuer der Kreativität, des Intellekts, des Geistes, der Leidenschaft, des Mutes… Wichtig ist, dass diese Feuer leben dürfen.

Das innere Feuer brennt in uns in zwei Flammen: der hellen Flamme und der dunklen Flamme. Die helle Flamme brennt mit all unserer Freude und Begeisterung als Ekstase. Die dunkle Flamme brennt mit der ganzen Kraft unserer Wut und unserer Ängste. Es ist unbedingt nötig, dass wir die Gefühle beider Seiten fühlen und uns beiden Flammen hingeben. Hell ist nicht mit gut und dunkel nicht mit böse gleichzusetzen. Vielmehr sind beide Flammen neutral, und es findet keine Bewertung statt. Wenn wir so mit beiden Flammen in Kontakt sind, erkennen wir, dass beide Flammen im Grunde Ausdruck derselben, einzigen Flamme sind.

Das Feuer der Kreativität – eine Keramikgöttin wird im Rakubrand aus dem Feuer geboren.

Gleichgewicht zur Tagundnachtgleiche

Im Jahreskreis ist immer alles in Bewegung. Im ganzen Jahr gibt es nur zwei Zeitpunkte, zu denen die Energien tatsächlich im Gleichgewicht sind: die Tagundnachtgleichen im Frühling und im Herbst.

Es gibt viele Göttinnensymbole, die uns helfen, ins Gleichgewicht zu kommen. Ein bekanntes und sehr kraftvolles dieser Symbole ist das klassische Labyrinth (auch: kretisches Labyrinth), mit sieben Windungen. In jedem Labyrinth biegt der Weg immer wieder um, wir nähern uns dem Zentrum und entfernen uns wieder, bis wir aber am Ende stets in der Mitte ankommen. In einem Labyrinth kann man sich nicht verirren (im Gegensatz zu einem Irrgarten, der manchmal fälschlich als Labyrinth bezeichnet wird). Ein solches Labyrinth auszulegen und zeremoniell abzuschreiten, ist eine kraftvolle Handlung, um in uns Ausgleich und Gleichgewicht zu schaffen.

Labyrinth in Albersdorf, Schleswig-Holstein: Das alte Göttinnensymbol abzuschreiten, führt uns auf eine Reise zur Göttin im Zentrum, hilft uns, uns wieder nach ihr auszurichten und bringt Harmonie.

In unterschiedlichen Kulturen werden dem klassischen Labyrinth unterschiedliche Bedeutungen beigemessen. Der Kranichtanz, der in der minoischen Zeit im Labyrinth des Tempelpalasts von Knossos auf Kreta getanzt wurde, war Teil der heiligen Handlungen, die den Wandel der Jahreszeiten und die Rhythmen des Lebens markierten. Je nachdem, welche Intention unsere Labyrinthzeremonie hat, geben wir den sieben Windungen unterschiedliche Bedeutung. Wir können in das Labyrinth hineingehen und an jeder Windung etwas zurücklassen. Wenn wir eine angemessene Zeit im Zentrum verbracht haben, gehen wir wieder hinaus und nehmen an jeder Biegung etwas mit. Zur Frühlingstagundnachtgleiche bringen wir unsere Energie ins Gleichgewicht, indem wir jede Biegung mit einem der sieben Energiezentren im Körper, den Chakren, in Verbindung bringen.

Orte der Mutter des Feuers

Wir können die Frühlings- und Feuergöttin im Land und in der Landschaft finden, wenn wir die Orte aufsuchen, an denen sie sich uns mitteilt.

Viele archäologische Fundplätze aus der ganzen Welt, die auf Sonnenauf- oder -untergänge zu bestimmten Tagen im Jahr ausgerichtet sind, sind heute bekannt. Vieles sind Megalithanlagen, zum Beispiel Gräber, Dolmen oder Steinkreise aus der Jungsteinzeit und der Bronzezeit. Der Mittelberg in Sachsen-Anhalt, Fundort der berühmten Himmelsscheibe von Nebra, ist ein sogenanntes Erdwerk. In der Bronzezeit war dies ein Ort, an dem höchstwahrscheinlich Feierlichkeiten zur Frühjahrstagundnachtgleiche abgehalten wurden. Kreisförmige Wall-und-Graben-Einfriedungen zeigen ein 3600 Jahre altes Kultareal an, und die Horizontbögen auf der Himmelsscheibe weisen genau die Gradzahl des Bogens auf, den die Sonne dort, und **nur** dort, am Tag der Tagundnachtgleichen von Auf- bis Untergang am Horizont beschreibt.

Der Kraftstab der Mutter des Feuers

Der Kraftstab ist der heilige Gegenstand der Feuergöttin, der ihre Energie bündelt. In der Hand der Großen Göttin wandelt sich der Kraftstab, so wie die Göttin selbst: Vom schwarzen Stab der Greisin, die den Tod bringt, zum silbernen Stab des Winterweibes, der das Land mit Eis und Frost überzieht. In der Hand der

Von den Priesterinnenschülerinnen in der Ausbildung hergestellte und geweihte Kraftstäbe

Mädchengöttin wird er zum weißen Stab, der die Saat in der Erde erweckt, um schließlich zum Grünen Stab der Mutter des Feuers zu werden. Mit diesem Kraftstab berührt sie die Erde, um sie mit ihrem Grün zu überziehen und wieder fruchtbar zu machen.[39]

Die Mutter des Feuers bringt die Energie in unser Leben, die wir brauchen, um unsere Visionen in der Welt zu verwirklichen. Das Feuer der Begeisterung, des Intellekts und der Inspiration befeuern unsere Absichten. Der Kraftstab in der Hand der Priesterin richtet während Zeremonien die Absicht aus und bündelt als Verlängerung ihres Armes die Energie. Ist der Stab so lang wie ein Mensch oder länger, wird er mit beiden Händen gehalten und bleibt meist mit der Erde in Berührung. Dann kanalisiert er, dem Lebensbaum gleich, aus dessen Wurzeln die feurige Lebenskraft nach oben pulsiert, die grüne Energie. Ebenso steht der Stab wiederum mit Fruchtbarkeit in Verbindung, denn er symbolisiert auch den Gott, den geheimen männlichen Gefährten der Göttin.

Die Mutter des Feuers verehren

Im Frühling schmücke deine Wohnung mit Sträußen aus Ostaraglocken und leuchtenden Tulpen. Stelle einen Osterstrauß (Ostarastrauß) her, indem du blühende Obstzweige in die Vase stellst und ausgeblasene, bemalte Eier hineinhängst. Geh am Morgen der Frühlingstagundnachtgleiche vor Sonnenaufgang zu einem Bach oder einer Quelle und trinke ihr Wasser. Spüre, wie ihre Lebenskraft in dich einströmt, und heiße ihre Fruchtbarkeit in deinem Leben willkommen. Backe einen Hollezopf oder ein Ostaranest. Entzünde ein Ostarafeuer in deinem Garten und rufe die Energie der Mutter des Feuers in dein Leben. Besuche ihre Orte. Begrüße die Sonne am Morgen und den Mond am Abend. Fühle die Magie des Vollmondes in deinem Körper.

DIE LIEBENDE GÖTTIN

Zur Mainacht nimmt die Göttin ihre Gestalt als Liebende Göttin an. Sie ist *Freya*, die unabhängige Göttin der Weiblichkeit, der Sinnlichkeit, der Liebe und der Sexualität. Sie ist *Loreley*, die große Initiatorin in die Liebe und ihre heilende, lebensverändernde Kraft; sie ist *Ziva*, die große liebende Göttin der Slawen und *Epona*, die weiße Stute, deren Energie die Welt zum Erblühen bringt.

Zu Beltane tanzt die Weidengöttin im Apfelhain.

Die Liebende Göttin ist die lebendige Energie im eigenen Körper. Jeder Mensch kann sie in der Ekstase der körperlichen Vereinigung erfahren. Sie ist das Leben selbst, das sich im Frühsommer überall verschwendet: das erblühende Land, das strahlende Grün von Wiesen und die weiß-rosa Fülle von Kirsch- und Apfelblüte und Weißdornhecken. Sie ist die Göttin der Sinnlichkeit und von allem, was die Sinne erfreut. Sie ist der Duft von Rosen, der Geschmack von Schokolade und Erdbeeren, und sie ist die Musik, die uns zum Träumen bringt. Sie ist die Schönheit des erblühenden Landes und unserer Körper. Sie ist Gesang, Tanz und Berührung.

Auf dem Jahresrad ist die Himmelsrichtung der Liebenden der Südosten, und ihre Farbe ist Rot. Ihr Feiertag ist die Mainacht und der erste Mai. Darüber hinaus hat sie jede Woche ihren Ehrentag – den Freitag. Die Geschöpfe der Liebenden Göttin sind neben Freyas Schwan, Eber und Katze auch Pferde, ganz besonders Eponas weiße Stute. Ihr Symbol ist Freyas goldene Halskette, die Rose, der Kamm und Loreleys Spiegel, in welchem wir sie in uns sehen können und unsere eigene Göttlichkeit erkennen. Ihr Baum ist der Weißdorn, dessen blühende Zweige ihren Moschusduft verströmen.

Freya
Die Liebende Göttin

Auf dem deutschen Göttinnenrad hält Freya, die große nordische Göttin, die Energie der Liebenden Göttin. Ihre Energie ist es, die Menschen und Tiere zueinander bringt und die wir zur Maienzeit als überwältigende Lebensenergie und Kraft im Körper spüren. Ihre Zeit ist der Beginn der Sommerzeit, wenn die Säfte in Pflanzen und Bäumen steigen, wenn Weißdornhecken in Blüte stehen und ihren betörenden Duft verströmen, und wenn Menschen und Tiere ihrem Ruf folgen, um in Liebe und Ekstase zusammenzukommen. Unabhängig von der Jahreszeit spüren wir Freyas Energie immer, wenn wir von der Liebe berauscht sind.

Freyas Größe und Bedeutung zeigt sich darin, dass sie jede Woche einen ihr geweihten Tag hat: den Freitag, der nach ihr benannt ist. Er ist ein Tag voller Glück und ein guter Tag zum Heiraten. Jemanden *freien* ist ein älteres Wort für jemanden *umwerben*, *heiraten*. Es ist kein Zufall, dass das Christentum in seinem Bestreben, die Göttin zu unterdrücken, genau den von der Göttin gesegneten Freitag zu dem Tag, an dem Jesus gekreuzigt wurde erklärt hat – und so zu einer Unglückszeit.

Wir verbrennen jeden Freitag Weihrauch in Freyas Namen und zünden Kerzen an. Freyas Fest im Frühsommer ist die Mainacht, das heißt die Nacht vor dem ersten Mai und der erste Mai selbst. Heute wird das Fest der Liebenden meist Walpurgisnacht oder Beltane genannt. Beltane ist ein Name, der aus dem englischen Sprachgebrauch zu uns herübergekommen ist. Das irische Wort *Bealtainne* bedeutet auf Deutsch Sommer, und wie Samhain den Winteranfang markiert, so läutet Beltane den Sommer ein.

Im Lebensrad ist die Liebende Göttin die junge Frau, die kein Mädchen mehr ist und noch kein Kind geboren hat. Sie ist nicht unberührt. Freya hat zahlreiche Liebhaber. Loki wirft ihr dies vor,[40] doch Freya geht stolz und aufrecht, ohne sich ihrer Sexualität zu schämen: Sie weiß, dass ihre Liebe, auch (und gerade) die körperliche Liebe, ein unbezahlbares Geschenk ist. Sie allein entscheidet, wem sie diese Gunst gewährt. Sie kann nicht besessen werden, sondern erwählt sich ihre Geliebten selbst.[41] Das Konzept von Sünde ist im Göttinnenweltbild fremd. Sexualität ist nicht mit Schuld, Schmutz oder Scham behaftet, sondern eine Feier des Lebens und der Göttin, deren Energie wir in der Liebe selbst erleben und die jede Frau im Augenblick der Vereinigung selbst verkörpert.

Freya trägt einen goldenen Halsschmuck, *Brisingamen*, den vier Zwerge für sie hergestellt haben. Im Gegenzug dazu hat sie jedem von ihnen eine Nacht geschenkt. Goldene Halsketten oder

Gürtel sind ein Attribut der Liebenden Göttin, das sich in allen Kulturen findet.[42] Ihre Tränen sind Perlen, die ins Meer fallen und dort zu goldenem Bernstein werden, und in der Skaldenpoesie wird sie *die tränenschöne Göttin* genannt. Neben Rot, der Farbe des Menstruationsblutes und damit des Lebens und der Fruchtbarkeit ist Gold die Farbe der Liebenden Göttin.

Auf dem Göttinnenrad liegen sich die Liebende Göttin der sexuellen Lebensenergie und die Greisin, die Todesbotin, gegenüber. Dies sind nur scheinbar Gegensätze. Tatsächlich gehören diese zwei Kräfte zusammen und ergänzen sich, denn Freya ist die Anführerin der Walküren. In ihrem von Katzen gezogenen Wagen erscheint sie Tag für Tag auf den Schlachtfeldern und wählt die Hälfte der Gefallenen aus, die sie mit in ihre Wohnstatt *Folkwang* nimmt. Dabei hat Freya das Recht, zuerst zu wählen, bevor die andere Hälfte der gefallenen Krieger Odin zufällt.[43]

Im ganzheitlichen Weltbild der Göttin schließen sich Gegensätze nicht aus, sofern man sie überhaupt als Gegensätze akzeptieren möchte, denn die Große Göttin umfasst alles. In Freya vereinen sich die Liebende Göttin und die Todesbringerin. Sie will lieben und Lebensenergie schenken, aber sie ist keine schwache oder verführende Liebesgöttin irgendwelcher patriarchaler Fantasien, sondern eine starke Frau, die ihre Kraft kennt und sich ihrer Macht bewusst ist. Sie schenkt uns Menschen als Liebenden die Möglichkeit, die göttliche Energie des Lebens in unseren Körpern zu spüren, und ihre Liebe empfängt uns nach dem Tod im Jenseits. Spätestens dort sind Gegensätze und Unterschiede bedeutungslos: Neben den gefallenen Kriegern sind es zudem die Frauen und die Liebenden, die mit Freya in ihrem Saal Sessrumnir in Folkwang speisen.

Ziva

Bei den wendischen Polaben hieß die Liebende Göttin Ziva (manchmal auch Siwa geschrieben). Ziva erscheint als nackte Frau, die einen Apfel und Weintrauben in der Hand hält. Wie wir bei Idun gesehen haben, gehört der Apfel untrennbar zur Göttin. Wie die Rose ist er besonders mit der Liebenden Göttin verbunden – bestimmt ist es kein Zufall, dass er botanisch zur Familie der Rosengewächse gehört. Der Apfel steht als Symbol für die sinnliche Energie der Liebenden und ihr Geschenk der Erotik. Nicht zuletzt steht im Alten Testament kein Wort davon, dass die Frucht vom Baum der Erkenntnis ein Apfel gewesen sei. Dennoch ist diese Vorstellung in unserer Gesellschaft fest verankert. Dies findet sich seit Jahrhunderten unzählige Male dargestellt in der Kunst. Was aber in der Bibel steht, ist dass der Sündenfall nichts anderes war, als die Erkenntnis Adams und Evas, dass sie beide nackt waren. Dies bedeutet: Mit dem Genuss des Apfels geht in dieser Geschichte das Erwachen der Sexualität einher.

Zivas Haar reicht bis zu den Knien, und wie Freya und Loreley schmückt auch sie sich mit einem besonderen Band, nur ist es in ihrem Fall keine Halskette, sondern ein Blumenkranz, der ihr langes Haar krönt. Der Name Ziva bedeutet *die Lebende*. Sie schenkt die sinnliche Lebensenergie der Weiblichkeit: Schönheit, Körperlichkeit und Liebe. Die Bedeutung ihrer sinnlichen Lebenskraft war so groß, dass sie die Hauptgöttin der Polaben war. Ihr größter Tempel befand sich auf dem Polabenberg in Ratzeburg, Schleswig-Holstein. Nachdem ihr Heiligtum zerstört worden war, wurde an dieser Stelle der Ratzeburger Dom errichtet. Ziva hatte außerdem einen Tempel in Rethra, dem religiösen Zentrum der Slawen in Norddeutschland, das die Archäologie bis heute noch nicht lokalisiert hat.

Die Loreley

Der Südosten ist die Himmelsrichtung zwischen Feuer im Osten und Wasser im Süden. Hier lebt Loreley, die Liebende Göttin des Rheinlandes. *Ley* ist ein lokaler Ausdruck für steil abfallende Klippen, die meist aus Schiefergestein bestehen, und *Lore/lure* geht auf die rauschenden Wasser und das Echo im an dieser Stelle sehr engen Rheintal zurück.[44] Die Loreley, wie sie aus zahlreichen Gedichten der Romantik bekannt ist, wurde im Jahr 1800 von Clemens Brentano »erfunden«. Er greift dabei jedoch auf das ältere Echomotiv und Sagen von Rheinnixen und Undinen zurück. Wie bei Ostara, der grünen Göttin der Fruchtbarkeit im Frühling, spielt es keine Rolle, wie alt der Name wirklich ist. Loreleys Göttinnenattribute sind erstaunlich offensichtlich, und als Göttin spreche ich sie an.

Der Legende nach sitzt eine wunderschöne nackte junge Frau oben auf dem Loreleyfelsen bei St. Goarshausen und kämmt ihr langes Haar. Ihr goldener Schmuck und ihr blondes Haar blitzen im Sonnenlicht, und sie singt ein Lied. Völlig in sich selbst versunken, bemerkt sie nicht die Blicke der Schiffer, welche, von ihrer Erscheinung gefesselt, vergessen, sich um die Felsen unter der Wasseroberfläche zu kümmern. Die Schiffe laufen auf, gehen unter und die Männer ertrinken. Damit geht in der Regel untrennbar eine patriarchale Bewertung und Verurteilung Loreleys einher. Tatsächlich aber erzählt die Geschichte der Loreley eigentlich von der wunderschönen Möglichkeit für Männer, der Liebenden Göttin zu begegnen und dadurch Hei-

Skulptur der Loreley auf dem Loreleyfelsen

lung und Wachstum zu finden. Es ist die tiefe, kraftvolle Initiation eines jungen Mannes in die Energie der lebensbejahenden Liebe durch die Göttin selbst.

Die Kennzeichen der Liebenden Göttin sind zahlreich und nicht zu übersehen: das goldene Haar und die Halskette (vgl. Brisingamen), ihre Nacktheit, der Gesang (Musik hat immer mit Körperlichkeit, Sinnlichkeit und Weiblichkeit zu tun und gehört deshalb immer zur Liebenden Göttin) sowie Spiegel und Kamm weisen Loreley als lebensspendende Liebende Göttin aus. Ohne die christliche Angst vor Körperlichkeit und ohne Opfer der patriarchalen Vorgabe geworden zu sein, dass Frauen sich züchtig zu verhüllen hätten, sitzt diese Göttin, die Sinnlichkeit und in ihrem sexuellen Wesen Reinheit verkörpert, auf dem Loreleyfelsen. Die Schiffer, angezogen von der Ausstrahlung der Loreley, können den Blick nicht von der Göttin abwenden – wieso auch, wenn die Göttin sich entscheidet, sich zu zeigen? Warum sich selbst um dieses göttliche Erlebnis bringen? Sie werden von den Wellen verschlungen.

Wesentlich ist die Bereitschaft oder sogar der Wunsch des Mannes, der Liebenden Göttin zu begegnen. In einer überlieferten Loreleygeschichte singt ein Grafensohn ihr sehnsüchtige Lieder, bis sie ihm Eingang in ihr Reich gewährt.[45] Damit ist die Geschichte von Loreley aber nicht zu Ende, denn in der Symbolwelt der Göttin (in Übereinstimmung mit der Erdgeschichte und Biologie) kommt das Leben aus dem Wasser. So verstehen wir das Sterben des Schiffers anders: Der Mann überlässt ihr sein Herz und weiht sein Leben der Göttin. Das Wasser des Rheins wird zu den Fluten des lebenspendenden Ozeans, zum Fruchtwasser im Leib der Großen Göttin. Wir denken wir uns den Rhein heute als männlich – tatsächlich ist das erst mit den Römern gekommen. Ursprünglich war er (sie?) weiblicher Natur und ist selbst in der Edda noch weiblich.[46]

Hier zeigt sich die lebenspendende Macht der Liebe. Außerdem beheimatet das Element Wasser die Emotionen. Der Schiffer, der sich Loreley anvertraut hat, hat den Weg der Heilung seiner emotionalen Verwundungen begonnen. Loreley gewährt ihren Erwählten göttliche Liebe und tiefe Heilung in ihrem Reich, wo Gefühl und Körper eins und heil sein können: Die Geschichte des ertrinkenden Schiffers schildert die Initiation eines Mannes in die Riten der Liebenden Göttin und den Dienst am Leben.

Man beachte, dass sich Loreley als Initiatorin auf dem Rad der Göttin gegenüber der Initiatorin Baba Yaga befindet. Hier wirkt dieselbe Energie in unterschiedlicher Form. Der Tod des Schiffers in der Geschichte ist nur der Tod des alten Lebens, der alten Ideen von Sexualität, von Emotionen und von Beziehungen. Durch die Begegnung mit der Göttin findet eine Veränderung statt, Wunden werden geheilt, alte Denkmuster, die dem Schiffer nicht mehr dienen, sterben, und schließlich kann aus den Lebenswassern eine Wiedergeburt stattfinden.[47]

Epona

Die Liebende Göttin ist auch Epona, die alte gallische Pferdegöttin. Ihr Name bedeutet *die Stute*, und wenn sie im Frühsommer über das Land galoppiert, bringt sie die Fruchtbarkeit und Sinnlichkeit hervor, die sich in der Natur verschwenden wollen. Epona wurde in den ersten Jahrhunderten nach der Zeitenwende durch berittene Soldaten im gesamten Römischen Reich bekanntgemacht. Weihesteine und Tempel liegen von Groß-Britannien bis Kleinasien vor, mit einem Schwerpunkt in Mitteleuropa. Epona ist eine Schwester der walisischen Rhiannon, die Liebende Göttin in ihrer britischen Erscheinungsform. Die Römer feierten ihre Kraft zur Wintersonnenwende, indem sie Rosen in ihren Tempeln niederlegten. Epona hilft uns, in der Mainacht, wenn die Schleier dünn sind, zwischen den Welten zu reisen. Ihre heiligen Orte sind die Triviae, Orte an denen drei Wege zusammentreffen. Sie sind Sinnbild für das alte Weltbild des europäischen Schamanismus: Epona kann uns auf einem Weg in die Obere Welt bringen, auf einem in die Mittlere und auf einem in die Untere.

Der Venusberg
Initiation in die Liebe

Überall in Deutschland finden sich Geschichten von Männern, die zu bestimmten Zeiten Eingang finden in den heiligen Berg der Liebenden Göttin. Sie finden dort kristallglänzende Höhlen und geschmückte Säle mit gedeckten Tafeln, feinen Speisen, Musik und Gesang. Die Göttin selbst erscheint als wunderschöne Frau, umgeben von ebenso schönen Nymphen, Dienerinnen oder Priesterinnen, von Zwergen oder anderen Naturgeistern. In diesen Paradieshöhlen findet eine sexuelle Initiation statt, die Heilige Hochzeit: die Vereinigung mit der Göttin selbst. Durch diesen Segen erfährt der Mann, auf welche Weise er selbst Teil hat an der schöpferischen Kraft der Göttin, welchen heiligen Platz er einnimmt und auf welche Weise er dem Leben dienen kann. Durch diese Initiation wird sich der Mann seiner männlichen Stärke und Kraft bewusst und kann seine wahre Größe leben, ein König (Kundiger) im eigentlichen Sinn werden.

Die bekanntesten Geschichten vom Venusberg finden sich bei Tannhäuser, wo der junge Mann sieben Jahre lang bei Frau Venus im Hörselberg in Thüringen in die Liebe initiiert wird.[48] Es gibt jedoch zahlreiche weitere Sagen, zum Beispiel aus der Schweiz von Frau Verena oder von Frau Holle selbst vom Hohen Meißner.

Die Initiation in die Liebe durch Loreley ist eine Variation der archetypischen Geschichte. Möglicherweise geht der junge Mann durch die Wasser des Rheins in die Paradieshöhle ein. Wenn man den Loreleyfelsen einmal gesehen hat, erkennt man den untrennbaren Zusammenhang zwischen Fluten und Fels.

Göttin der Sexualität

Die Liebende Göttin hat uns unsere Sexualität und Sinnlichkeit zum Geschenk gemacht. Wir sind frei von Sünde und grundsätzlich frei von Scham. In der körperlichen Vereinigung, unabhängig davon, ob tiefe Gefühle involviert sind oder nicht, haben wir Zugang zur elementaren Energie der Göttin, können ihre schöpferische Lebenskraft in unseren Körpern spüren. Wir Frauen können die Göttin dabei in unseren Körpern spüren, Männer, die in ihren Partnerinnen die Göttin erkennen, die Erfahrung machen, die Göttin zu lieben und von ihr geliebt zu werden. In der Liebe ist es der Göttin gleich, welche sexuelle Orientierung wir haben und als welches Geschlecht wir uns identifizieren. Sie verurteilt niemanden und schließt niemanden aus. Sexualität ist die große Möglichkeit, eine spirituelle Göttinnenerfahrung im Körper zu erleben.

Ihren Priestern Macht zu verleihen, das war genau die Absicht, mit der die patriarchalen Religionen Sexualität und Körperlichkeit verdammt haben, denn wenn jede/r Zugang zum Göttlichen hat, sind Priester nicht nötig. Also wurde diese höchste heilige Erfahrung verdammt und der Körper als sündig erklärt, und es wurde verbreitet, dass nur die Priester Zugang zu Gott haben. Somit sind alle anderen Menschen auf sie als Vermittler angewiesen. Die Folge ist, dass in unserer Gesellschaft heute die wenigsten Menschen ein natürliches Verhältnis zu ihrer Sexualität haben.

Der im patriarchalen Monotheismus tief verwurzelte Frauenhass billigte Frauen genau zwei Rollen zu: Heilige oder Hure. Heilig ist, wer wie die Jungfrau (nun im patriarchalen Wortsinn) Maria ein asexuelles Leben führt, Huren sind alle anderen. In beiden Fällen führt dies zu einem Frauenbild, mit dem sich zu identifizieren für Frauen nur eine ungesunde, zerstörerische Erfahrung sein kann. Die Art und Weise, wie die natürliche Sexualität und Sinnlichkeit und unsere Körper Jahrtausende lang durch die patriarchalen Kirchen verteufelt wurden, hat tiefe, tiefe Wunden geschlagen und die Seele unserer Gesellschaft grausam verzerrt. Dabei gab es keine Gewinner.

Jungen und Männern beizubringen, Frauen herabzuwürdigen, geht gegen das Gesetz der Göttin, gegen die von ihr für uns gewollte Art und Weise, miteinander umzugehen: mit Liebe, ohne dass dabei das eine Geschlecht das andere unterdrückt. Es geht auch gegen den natürlichen Wunsch, in Frieden, Sicherheit und Liebe miteinander zu leben. Jungen und Männer Jahrtausende lang dazu zu erziehen, Frauen gegenüber hart und brutal zu sein, hat Männern seelisch sehr geschadet. Dennoch litten und leiden Frauen und Mädchen als Objekt dieses Hasses, der Unterdrückung und der seelischen und körperlichen Gewalt am schlimmsten unter dem Frauenhass der Kirchenmänner.

In den patriarchalen Religionen wird der Geist über den Körper gestellt, der als sündig und schmutzig gilt: Der Körper muss überwunden werden. Praktiken wie Askese oder eine zölibatäre Lebensweise sollen helfen, das Göttliche zu erfahren. Im Göttinnenweltbild ist es anders: Wir streben danach, Körper, Geist und Herz miteinander in Einklang zu bringen, und nicht eines über das andere zu stellen. Wir sind Seelen, die auf ihrer Lebensreise eine inkarnierte Körpererfahrung machen: Die Göttin teilt sich uns der Welt innewohnend mit und kann deshalb auch im eigenen Körper unmittelbar erfahren werden. Wenn wir uns selbst oder andere Menschen lieben, ist dies immer auch ein Akt der Ehrerbietung an die Göttin, die uns das Leben und unsere Körper geschenkt hat, ein Feiern des Lebens und Ausdruck der Freude an unserem Körper und daran, Teil dieser Welt zu sein.[49]

Der Geschlechterkampf in unserer Gesellschaft ist ein Phänomen, das mit großer Anstrengung künstlich am Leben gehalten wird. Im Innersten sehnen wir uns alle danach, jemanden lieben zu dürfen, jemanden wunderbar zu finden – und wir sind überrascht und voller Freude, wenn auch wir rückhaltlos geliebt werden. Wenn wir jemanden lieben, ohne Ansprüche zu stellen (»Er muss so und so sein«, »Er muss mich so und so behandeln«, »Sie muss so und so aussehen«), dann können wir unser Gegenüber wahrnehmen wie es ist, mit all seinen Stärken und Schwächen. Dazu müssen wir an unserer eigenen Heilung arbeiten, unsere eigenen Verwundungen und Muster angehen, damit wir uns selbst annehmen und selbst so weit lieben können, dass wir die Liebe von jemand anderem nicht mehr instrumentalisieren müssen, um so das zu bekommen, was wir uns selbst nicht geben.

Die Erfahrung, dass wir selbst die Göttin sind, ihre liebende Kraft in uns zu spüren, hat unsagbare Heilkraft. Wenn wir das Andersartige der/s anderen akzeptieren und sie/ihn dafür lieben, dann müssen wir niemanden zu ändern versuchen. Dann können Männer Frauen lieben, ohne sie unterwerfen und beherrschen zu wollen. Jemanden als anders wahrzunehmen und in seiner Andersartigkeit zu lieben, das ist die Art und Weise, wie die Göttin liebt. Und sie selbst ist es, die uns durch ihre göttliche Liebesenergie auf vielerlei Weise von unserer alten Konditionierung befreit. Das Bild einer Liebesgöttin, die sexuell unersättlich und zügellos ist, die mit den Menschen spielt und Liebe nur jenen gewährt, die sie anbeten und ihr Opfer bringen, ist eine weitere patriarchale Entstellung.

Tatsächlich ist die Liebende eine starke, kraftvolle Göttin, die weit mehr ist als die schwache, leichtbekleidete Göttin, wie die

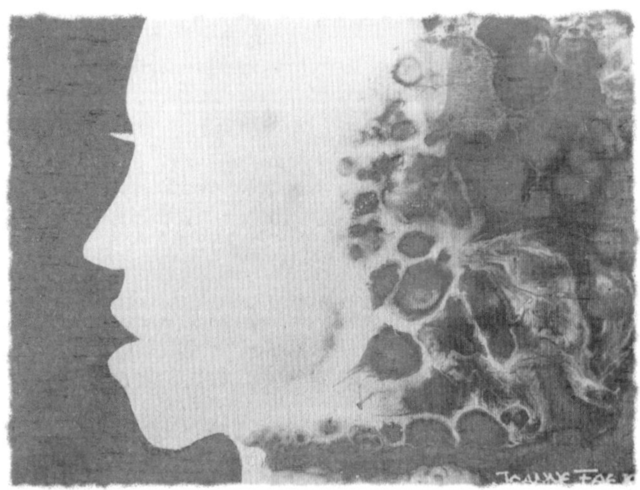

Die Rote Göttin. Gemälde von Joanne Foucher, Acryl auf Leinwand

Medien sie uns leider meist präsentieren. Das Zentrum unserer Weiblichkeit ist unser Schoß, das lebendige rote Fleisch unserer Yoni. Yoni ist das Sanskritwort für *Heilige Quelle* oder *Heiliger Ursprung*. Aufgrund ihrer Fruchtbarkeit, ihrer Sinnlichkeit, ihrer Weiblichkeit, ihres Bezugs zum lebenspendenden Mondblut und ihrer roten Yoni wird die Liebende Göttin auch die Rote Göttin genannt. Die Rote Göttin schenkt uns in der Initiation nichts anderes als das Leben selbst.

Freyas Name bedeutet *Frau*. Jede Frau ist damit immanent bereits Göttin. Wenn Loreleys Energie in unserem Leben zu wirken beginnt, sei es in einer Beziehung oder einer kurzen Begegnung, können tiefgehende Veränderungen, kann Heilung beginnen. Für Männer beginnt diese Initiation durch die Begegnung mit der Göttin. Für Frauen beginnt die Heilung durch die Identifikation mit der Liebenden Göttin, dadurch, dass wir sie in unserem Körper erfahren. Loreley hält uns ihren Spiegel vor, und wir erkennen sie in uns selbst. Wie der Fischer, der in Loreleys Fluten eintaucht, stellen wir unser altes Leben in Frage: Wer wir sind, was wir tun, wie wir uns in Beziehungen geben, welche Ängste und Wunden wir von unserem Gegenüber bedient wünschen. Und wenn wir uns ihrer Energie vertrauensvoll öffnen und vollkommen hingeben, kann sie unsere Wunden heilen. Dann können die alten, falschen Vorstellungen endlich sterben: dass wir nicht liebenswert sind, dass wir es nicht besser verdienen, dass wir selbst Schuld sind. Und wir erleben eine neue Art zu lieben, ohne Angst und ohne Bedürfnisse. Loreley schenkt uns die Erkenntnis, wie wir wirklich sind: liebenswert, schön und nur uns selbst gegenüber verpflichtet. Wir sind sie. Dass dies die Wahrheit ist, erleben wir in unseren Körpern, und wir selbst tragen die Energie der Liebenden Göttin in die Welt.

Göttin der Magie

Freyas Walküren sind schamanische Priesterinnen,[50] die in Schwanengestalt zwischen der diesseitigen Welt der Lebenden und den jenseitigen Reichen hin und her wechseln können. Dabei verschwimmen die Grenzen zwischen sterblichen Frauen und Göttinnen. Sie üben Wahrsagekunst aus, entscheiden im Kampf über Sieg oder Niederlage und können sogar die Toten wieder zum Leben erwecken. Oft gehen sie Liebesbeziehungen mit menschlichen Männern ein. Hier zeigt sich, wie die sterblichen Frauen nicht nur dem Namen nach Freya gleichgestellt und Göttin sind, sondern auch, wie die göttliche Macht in Frauen heimisch ist und sich durch sie mitteilt.

Freya kennt die großen Geheimnisse der Zauberei, ihre Magie heißt *Seidr*. Diese Art von Zauberei lässt sich heute nicht mehr so einfach fassen, wie es auf den ersten Blick oft scheint. Sie hat mit dem Herstellen von Tinkturen oder Salben zu tun, Kräutern und anderen Zutaten, die erhitzt, zum Sieden gebracht werden. Etymologisch steckt auch das Seil, das Band mit drin, was auf das Binden eines Zaubers verweist. Diese Magie hat auch mit Sitzen und Seancen und Gesang zu tun. Das Lied macht den Zauber wirksam. Diese alte, ursprüngliche Form der Zauberei hat starke schamanische Züge.[51] Der Name der altnordischen Schamaninnen ist *Völva*, bei den Germanen *Wala*. Diese *Frauen mit Stab* waren Seherinnen und Zauberinnen, die mit ihrem Stab in andere Welten reisen und dort der Göttin begegnen konnten, um Antworten, Weisung und Eingaben zu erhalten. Das Wort Völva erinnert an Vulva, und in vielen schamanischen Kulturen der ganzen Welt hat der Schamanenstab traditionell am oberen Ende eine Gabelung, die ein V, eine stilisierte Vulva, bildet.

Die Völva wurde oft von einer zweiten Priesterin begleitet, die die Magie der Völva während ihrer schamanischen Reise mit schamanischen Gesängen bekräftigte. Dann nimmt die Völva auf einem Stuhl oder Thron Platz, beide Füße flach auf dem Boden, die Knie geöffnet. Sie hält mit beiden Händen den Stab, der vor ihr, zwischen den Schenkeln, auf dem Boden steht, und verbindet sich aus ihrem Zentrum in der Gebärmutter und ihrer Vulva mit dem Stab. Der Stab wird zum Weltenbaum, die Völva verbindet sich mit der Erde und den oberen und unteren Welten, und so kann sie reisen. Auf diese Weise stellt sie ein Bindeglied zwischen Menschen und Göttin dar, die mit ihren Fragen und Anliegen zu ihr kommen.

Mondmysterien

Frauen haben eine direkte, intime Verbindung zum Mond. Ihre Menstruation ist eine heilige, kraftvolle Sache. In den Stammesgesellschaften galt sie als magische Zeit, in der Frauen in direkter Verbindung mit dem Göttlichen standen. Wenn Frauen eng miteinander zusammenleben, räumlich oder in tiefer authentischer Beziehung miteinander, dauert es nicht lang, bis alle im selben Rhythmus bluten. Wenn nun die Mondzeit begann, zogen sich die Frauen in die eigens für diesen Zweck errichtete Mondhütte (Moon Lodge) zurück, um ihren Körpern gemeinsam Ruhe zu gönnen, gemeinsam zu bluten und zu träumen. Probleme innerhalb der Sippe, die durch Ratssitzungen und Gespräche nicht gelöst werden konnten, wurden mit in die Mondhütte genommen, da die Gemeinschaft wusste, dass blutende Frauen direkteren Zugang zur Anderswelt hatten. Die Antworten und Lösungen wurden als gegeben angenommen. Somit war die Mondzeit der Frauen eine wichtige, gemeinschaftsstiftende Sache. Tatsächlich sagt man, dass die nordamerikanischen Ureinwohner, die im Krieg ein feindliches Dorf auslöschen wollten, als erstes die Mondhütte zerstörten. So wichtig war die Mondzeit.

Das Wort *Menstruation* kommt von Lateinisch *mens,* das Maß. Der sichtbare Mondzyklus am Himmel und die Mondzeit im

Körper waren das erste Mittel, mit dem Rhythmen und die Zeit gemessen wurden.

In unserer Gesellschaft wird der Mondzeit heute kein Raum mehr gegeben. Die Angst der Kirchenväter vor Sexualität, Körperlichkeit und Sinnlichkeit und vor der Freude an all dem hat durch die Vorstellung von »Sünde« nicht nur Frauen und Männern die körperliche Vereinigung gründlich vermiest, sondern zudem den Frauen die Liebe zu ihrem Körper und den Stolz auf ihn genommen. Das prämenstruelle Syndrom *PMS* ist eine patriarchal-erzeugte Krankheit, die es pathologisch an sich überhaupt nicht geben dürfte. Vielen Frauen ist nicht einmal klar, dass es medizinisch keinen Grund für die verschiedenen Symptome gibt, die – wie man Frauen einredet – normal sind und eben zum Mondblut dazugehören.

Denn wie kommt es, dass Frauen in Stammesgesellschaften kein PMS kennen? »Die prämenstruellen und menstruellen Leiden sind das Ergebnis kultureller, Jahrtausende langer Konditionierung durch das Patriarchat.«[52] Wenn ich davon spreche, reagieren Männer und Frauen recht häufig mit Ablehnung, und werfen mir vor, dass das doch heute längst nicht mehr so ist. Aber wieso wird dann die Menstruation in unserer Gesellschaft nicht mehr gewürdigt und gefeiert? Sie zeigt, dass unsere Frauen fruchtbar sind und die Menschheit weiterbesteht, das ist doch großartig! Alexandra Pope hat in ihrer jahrelangen Arbeit mit unterschiedlichsten Frauen beobachtet, dass Schmerzen beim Bluten auftreten, wenn Frauen entgegen ihrer Natur leben. Wenn sie sich während der Mondzeit erlaubten, sich Zeit zu nehmen für das, was ihnen zu tun intuitiv aufgegeben war – wenn sie malten, schrieben, sich politisch engagierten usw. – nahm der Schmerz ab.[53]

Aber anstatt das Mondblut kennenzulernen und zu erforschen, was Frauen in der Zeit der Blutung brauchen, wird die Mondzeit tabuisiert. Frauen, die eigentlich zyklische Wesen sind, sollen in einer linearen Welt funktionieren, sollen Tampons nehmen, damit man das Blut nicht sieht und es nicht riecht, und sie sollen um

Gottes Willen ja nicht davon sprechen. 1985 noch hat ein Gynäkologie-Professor die Menstruation als Fehler der Natur bezeichnet, die es abzuschaffen gilt.[54] Was für ein kranker Umgang mit weiblicher Sexualität ist das? Wenn Frauen darunter leiden, dass sie entgegen ihrer Natur leben und sich selbst ganz und gar verleugnen und verbiegen sollen, dann sollen sie Tabletten nehmen, damit sie schön weiterfunktionieren.

Diese Gesellschaft, die durch die Sexualneurosen der Kirchenmänner und die Angst vor Körperlichkeit um die Weisheit des Mondblutes und um die Heiligkeit der Sexualität gebracht ist, ist nicht nur arm, sondern schwer krank, und je länger dieses Wissen vergessen ist, um so kranker sind alle folgenden Generationen. Ich beobachte immerzu, wie junge Mädchen heutzutage *sexy sein* mit *Objekt sein* verwechseln. In Filmen und Musikvideos wird suggeriert, dass eine starke sexy Frau am besten so wenig Kleidung wie möglich oder eng anliegendes Leder oder Ähnliches trägt.

Wie soll ein junges Mädchen durchschauen, dass dies nur Männerfantasien befriedigt und die jungen Mädchen zu Objekten macht? Wie soll sie verstehen, dass ihr Körper heilig ist, und eine gesunde Sexualität entwickeln? Wie sollen junge Männer, die ihre Vorstellungen von Vereinigung aus Musikvideos und Pornos, in denen noch immer nur Dominanz des Mannes und Unterwerfung der Frau propagiert werden, eine gesunde Sexualität entwickeln? Wir müssen unseren Kindern beibringen, dass diese Rollenbilder falsch sind, dass es in Liebesbeziehungen und sexueller Vereinigung darum geht, den anderen kennenzulernen, sich offen einzulassen und mit Freude und Neugier dem begegnen, was der andere Mensch anbietet. Frei von der Vorstellung, dass der Mann der Frau zu sagen hat, wie sie zu sein hat; frei von dem Frauenbild, das noch immer verbreitet ist und Frauen befiehlt, schwach und selbstlos zu sein.

Glücklicherweise wachen heute mehr und mehr Menschen aus diesem kollektiven kranken Zustand wieder auf. Frauen erinnern sich daran, dass die Mondzeit eine kraftvolle Zeit ist, und wollen ihre Mondzeit als heilig empfinden und feiern. Es werden wieder Mondhütten (Moon Lodges) oder Rote Zelt geöffnet, bei denen es meistens nicht mehr um den Rückzug und das gemeinsame Bluten geht, sondern darum, der Menstruation und der Kraft des Mondbluts wieder Raum zu geben und diese urweibliche Kraft sichtbar zu machen. Frauen teilen ihre Erfahrungen mit Menstruation, mit Schwangerschaft, Geburt und Menopause. Sie geben Wissen weiter, wie sie ihre zyklische Natur heutzutage besser leben und als Kraftquelle erleben können,[55] und sie rufen Göttinnen der Weiblichkeit und der Sinnlichkeit als Zeuginnen und bitten sie um ihren Segen.

Rote Zelte sind ein Ort der Kraft, wo Frauen im Kreis selbst zu sinnlichen, starken Priesterinnen werden, die sich auf Augenhöhe als Schwestern begegnen. Der Übergang von jungen Mädchen zu jungen Frauen unter dem roten Mond wird in Menarchefesten gefeiert, der Übergang von roten Frauen zu Hüterinnen der Weisheit in Würdigungszeremonien für das letzte Mondblut. Frauen kommunizieren miteinander: Es ist natürlich für uns, Dinge miteinander zu teilen. Junge Frauen, die das Glück haben, mit diesen Roten Zelten und Mondhütten aufzuwachsen, sprechen mit ihren Töchtern und Söhnen ohne Scham über die Mondmysterien der Frauen und über Sexualität und verändern auf diese Weise die Welt.

Die lebendige Liebende Göttin

Trotz aller Versuche des Patriarchats und der Kirche, die Liebende Göttin zu verdammen, zu verbieten und zu unterdrücken, hat sich die Erinnerung an sie nie auslöschen lassen.

In alter Zeit wurde der Machtanspruch eines Königs allein durch seine Vereinigung mit der Königin, die die Göttin und damit das Land repräsentierte, legitimiert.[56] Die zahlreichen Maiköniginnen, die überall in Deutschland im Mai gewählt werden, sind die letzten blassen Abbilder der Priesterinnen, die in der alten Zeit als Verkörperung der Göttin bei den Maifeiern erschienen und den Menschen den Segen und Fruchtbarkeit brachten.

Freya, die Liebende Göttin, die selbst wählt, wen sie zum Geliebten nimmt, ist personifizierte Souveränität und verkörpert damit die Erde selbst, die Göttin des Landes, die nicht beherrscht werden kann, sondern deren Großzügigkeit und Reichhaltigkeit wir alles verdanken, womit sie uns beschenkt.

Im Rheinland wird die Liebende Göttin von den jungen Frauen selbst verkörpert. Die jungen Männer verehren sie, indem sie ihren Freundinnen einen Maibaum setzen, eine junge Birke, die mit Krepppapier und Herzen geschmückt und an dem Haus, in dem die Geliebte wohnt, befestigt wird. Diese Maibäume symbolisieren die Lebensenergie der Liebenden Göttin, das sommerliche Erblühen in der Natur und die männliche Energie der jungen Männer, die die Göttin umwerben. Diese Bäume bleiben monatelang stehen. Man würde nie darauf kommen, sie leichthin abzunehmen und zu entsorgen.

In der Mainacht, der Walpurgisnacht, hat Beltane als Hexennacht überlebt. Vor der Ausbreitung des Christentums wurden in der Mainacht große Fruchtbarkeitsfeuer entzündet und die Vereinigung von Frühlingsgöttin mit ihrem Gefährten gefeiert. Die Kelten trieben zu Beltane das Vieh zwischen zwei großen Feuern hindurch, um auf diese Weise um Fruchtbarkeit und den Segen der Göttin zu bitten. Die Menschen waren Teil dieser Lebenskraft, und sicher zogen sich Paare bei dieser erotischen Feier zurück, um im Wald und auf den Feldern der Göttin zu huldigen. Überbleibsel dieser jahreszeitlichen Fruchtbarkeitsfeiern sind der Maibaum, Symbol für den Phallus des Mannes, und die Maitänze, bei denen heute noch (oder heute wieder) Bänder in den Farben der Fruchtbarkeit, Rot und Grün, um ihn geschlungen werden. Die erotische Symbolik ist offensichtlich.

Noch immer werden überall große Maifeuer oder auch *Hexenfeuer* entzündet. Frauen und Männer fordern heute die Bezeichnung *Hexe* für sich zurück. Sie verwenden sie voll Stolz im Sinne ihrer alten Bedeutung, abgeleitet von *Hagazussa* (Zaunreiterin), was eine Frau bezeichnet, die mit einem Bein im Alltag und mit einem Bein in der Welt der Magie, der Feen, der Göttinnen und des alten Wissens steht.

Im Harz strömen in der Walpurgisnacht große Menschenmengen auf den Blocksberg. Lange bevor Goethe dem Brocken in seinem Faust ein Denkmal setzte, galt er als Hexentanzplatz. In der Mainacht finden dort heute zum Tel großartige Aufführungen statt, in denen die Frühlingskraft, die sexuelle Lebensfreude und die Befreiung der Hexen visuell dargestellt werden. Allerdings haben die Maifeuer nicht immer einen spirituellen Fokus. Oft sind solche öffentlichen Feuer ihrer Bedeutung beraubt, leer und kommerziell.

Wir können die Lebenskraft der Liebenden Göttin in der Mainacht an unseren eigenen Freudenfeuern feiern, um die wir tanzen und über die wir springen. Wir springen allein, um Gesundheit und Fruchtbarkeit bittend, oder gemeinsam mit unseren Geliebten, um unsere Beziehung für das kommende Jahr segnen zu lassen.

Die Tiere der Liebenden Göttin

Als Anführerin der Walküren ist der Schwan Freyas Tier. Als Schwan erscheint sie den Helden, denen der Tod bestimmt ist, und der Gesang von Schwänen gilt als Sterbegesang der Todgeweihten. Auf nebligen Teichen ziehen Schwäne geräuschlos über die Oberfläche, werden sichtbar und verschwinden wieder zwischen Gras und Rohr in Ufernähe: Schwäne können zwischen den Welten hin und her reisen. Wir sagen heute noch, wenn wir eine Vorahnung haben, *mir schwant etwas.*

Katzen ziehen Freyas Wagen, wenn sie die Walküren anführt. Sie sind ihre Botinnen und müssen gut behandelt werden, dann

Der Uferbereich zwischen Wasser und Erde ist Schwellenbereich zwischen den Welten: Majestätisch gleitet der Schwan aus der Welt der Göttin in die Welt der Menschen hinüber.

können sie Glück bringen und zu Wohlstand verhelfen. In der Zeit der Hexenverfolgung galten Katzen als *die* Begleittiere der Hexen. Hier hat sich ebenfalls die Beziehung zwischen den weisen Frauen und Freyas Zauberkunst erhalten.

In einzelnen Geschichten hat Freya noch weitere Beziehungen zu besonderen Tieren: So reitet sie auf dem Goldenen Eber, und sie besitzt ein Falkenkleid, das sie auch an andere Götter verleiht. Wenn Freya dieses Falkenkleid überzieht, kann sie sich in einen Falken verwandeln – wie der Schwan ein weiteres Beispiel für schamanische Reisen in Vogelgestalt in die Anderswelt.[57]

Eponas Tier ist die weiße Stute, deren donnernder Hufschlag der Herzschlag der Erde ist, die zwischen den Welten galoppieren kann.

Die Liebende Göttin verehren

Entzünde an jedem Freitag eine Kerze für Freya und verbrenne Weihrauch vor ihren Bildnissen auf deinem Altar. Gehe in den Tagen vor der Mainacht in den Wald und sammele Waldmeister für eine Maibowle. Zur Mainacht schmücke das Haus und dich selbst mit den blühenden Blumen der Liebenden. Entzünde ein Feuer in ihrem Namen, und springe mit denen, die du liebst, oder in Hingabe an dich selbst über das Feuer. Feiere deine Menstruation und halte Rote Zelte gemeinsam mit anderen Frauen ab. Wenn du Liebe machst, rufe die Liebende Göttin in deinen Körper. Reise mit deinem Stab und Gesang zur Liebenden Göttin. Bitte um Eponas Segen, wenn du an eine Kreuzung von drei Wegen kommst. Gehe reiten. Besuche die Orte der Liebenden Göttin, ihre Venusberge und den beeindruckenden Loreleyfelsen.

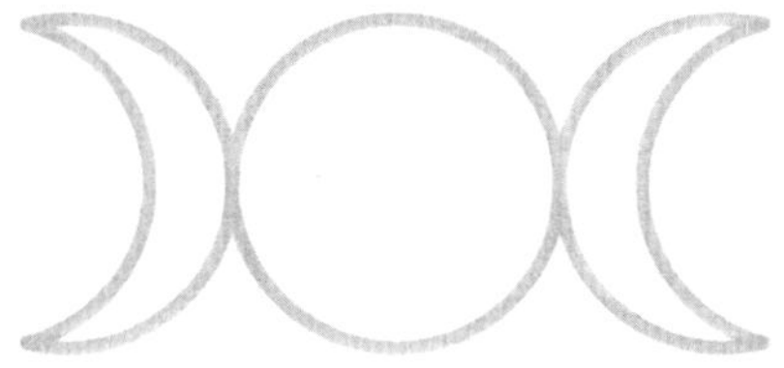

DIE MUTTER DES WASSERS

Zur Sommersonnenwende nimmt die Göttin ihre Gestalt als Mutter des Wassers an. Sie ist *Ran*, Große Göttin des Meeres, und *Sirona*, Göttin der heilenden Wasser. Sie erscheint in der Gestalt der *Rheintöchter* und Flussgöttinnen und der blauen Königinnen über die Emotionen, die Intuition und alles, was wir fühlen. Sie singt in uns im Wasser unseres Körpers. Sie ist die Quelle, von der alles ihren Ursprung nimmt und die ewig sprudelt.

Rans ehrfurchtsgebietender, weiter Ozean, der Ursprung des Lebens auf der Erde

Die Himmelsrichtung der Mutter des Wassers ist der Süden und ihre Farben sind Blau, Türkis und das Blaugrün der Ozeane. Ihre Tiere sind die zahllosen Fische, die verspielten Seehunde und Otter, die anmutigen Seepferdchen, die lachenden Delfine und die ehrfurchtgebietenden mächtigen Wale der Tiefe. Ihr Symbol ist der Kelch, aus dem ohne Unterlass ihr Segen fließt, die Perle und die Muschel. Die Mutter des Wassers bringt uns das Geschenk des Lebens und der Emotionen. In der Hitze des Sommers bringt sie uns Erfrischung. Sie hütet die Geheimnisse und Mysterien, die tief unter der Oberfläche verborgen liegen. Sie ist im Salzwasser, aus dem das Leben kommt, und im Süßwasser, das das Leben nährt. Sie ist im Regen, in Tränen und Schweiß. Ihr Baum ist die Erle, ihre magischen Geschöpfe sind die Wasserdrachen und die Meerjungfrauen, Naiaden und Undinen. Jeder Bach, jeder Fluss, jede Quelle und jeder See sind heilige Orte und Wohnstätten der Wassergöttin.

Meeresgöttin Ran

Göttin der Salzwasser

Auf dem Rad der Göttin befindet sich die Mutter des Wassers zwischen der Liebenden und der Mutter, und ihre Zeit ist die Mittsommerzeit. Die Göttin des Meeres ist Ran oder Rahanna, ganz selten auch Rana, die in einem glitzernden Palast am Meeresboden lebt. Sie hat zur Hälfte den Körper einer menschlichen Frau, zur Hälfte den eines Fisches. Mit ihrem Ehemann Aegir hat sie neun Töchter. Neun ist eine der kraftvollsten Zahlen mit besonderer Symbolik in Weltbild der Göttin. Schwesternschaften aus neun Frauen finden sich immer wieder, von den neun Töchtern Rahannas bis zu den neun Morgens der Insel Avalon. Rahannas neun Töchter sind die lebenden, neun verschiedenen Arten von Wellen. In der Edda und der Skaldenpoetik werden unterschiedliche Namen genannt, die allesamt verschiedene

Bezeichnungen für Wellen sind, so zum Beispiel *die Schäumende, die Himmelsklare, die Fließende, die Hohe* oder *die Wellenspitze.*

In Irland sagt man, dass Irland über die Küsten hinaus bis zur neunten Welle reicht – hinter dieser Grenze beginnt das Reich der Göttin, die dort lange vor der keltischen Zeit unter dem Namen Domnu verehrt wurde.[58]

Für die Seefahrer war das Meer *die Straße Rans.* Ran verkörpert die Kraft des Ozeans selbst. Sie ist so stark, dass sie ein fahrendes Schiff mit einer Hand steuern kann, während sie mit der anderen ein Fischernetz durchs Wasser zieht. Mit diesem sammelt sie die Ertrinkenden ein. Rahanna liebt Gold, die Flamme des Meeres, und Seeleute, die sich mit ihr gutstellen wollten, hatten vorsorglich etwas Gold in der Tasche. Auf diese Weise sicherten sie sich den Eingang in ihr Reich unter den Wellen. In leuchtenden Korallenhöhlen bewirtet Rahanna die Seefahrer mit Nahrung und Met, der in ihrem goldleuchtenden Palast genauso reich fließt wie in Walhalla: In der Anderswelt ist sie die Königin der zur See Verstorbenen.

Ran kann furchtbare Seestürme entfesseln. Manchmal hilft sie den Menschen, manchmal nicht. Sie und ihre Töchter verkörpern die unterschiedlichen Stimmungen des Meeres und damit die unterschiedlichen Emotionen, die auch wir Menschen fühlen können.

Sirona
Göttin des Heilwassers

Die Göttin der heilenden Gewässer ist Sirona, die mindestens seit der Eisenzeit überall in Europa verehrt wurde. Seit galloromischer Zeit ist ihr Name inschriftlich in Frankreich, Italien, Deutschland und der Schweiz belegt. Er bedeutet entweder *Stern* oder aber *Hindin* oder *Färse.*

Sirona ist die große Heilerin. Das klare Wasser ihrer Quellen enthält Sauerstoff und wertvolle Mineralien, die unsere Körper stärken. Ihr berühmtestes Heiligtum ist das Quellheiligtum bei Hochscheid im Hunsrück, wo die Heilkräfte ihrer Wasser so bekannt waren, dass in gallorömischer Zeit ein großes Bad mit komplexen Tempel- und Badehäusern entstand. Bei archäologischen Ausgrabungen fand man eine lebensgroße Statue der Göttin, deren Heilkraft durch zwei Schlangen[59] verdeutlicht wird, die sich um ihren Arm winden. In der Hand hält sie ein Gefäß mit Eiern.

Replik der überlebensgroßen Statue von Sirona mit Eiern und Schlange aus dem Heiligtum in Hochscheid, Rheinland-Pfalz

Heute führt ein archäologischer Wanderweg, der Sironaweg, durch den Hunsrück und verbindet verschiedene Fundplätze miteinander. Standbilder der Göttin stehen in Pavillons an verschiedenen Punkten entlang des Wanderwegs, teils im Wald am Wegrand oder abseits davon, teils mitten in Dörfern. Wenn wir dorthin reisen, um zu Sirona zu beten und Weihrauch zu verbrennen, schützen die Dächer der Pavillons gegen die Mittsommersonne, aber die offenen Wände lassen Wind und Luft herein, so dass wir Teil der Natur bleiben.

Weitere Sironaheiligtümer in Deutschland hat man unter anderem in Ihn-Wallerfangen, Kreis Saarlouis, und in Wiesbaden ausgegraben.[60]

Von Sironas Wasser zu trinken oder darin einzutauchen, kann uns gesundmachen. Oft jedoch reagiert der Körper mit Krankheit, wenn die Seele und die Gefühle un-heil sind. Dann kann Weinen heilen. Steckengebliebene Energie fließt wieder, ganz konkret aus dem Körper heraus, der Fluss nimmt sie mit und trägt sie davon. Krankheit ist oft ein Anzeichen dafür, dass mit

Die Medusaquelle in Nettersheim, Nordrhein-Westfalen

unserer Seele etwas im Argen ist, und wie die Schlange, die Sirona begleitet, streifen wir unsere alten Häute ab, wenn wir den Prozess der Heilung beginnen.

Die Eifelwasserleitung, die in römischer Zeit die Stadt Köln mit frischem Wasser versorgte, wird unter anderen aus einer Quelle im Grünen Pütz, einer Talaue bei Nettersheim, gespeist. Bei Ausgrabungen am Brunnenhaus fanden die Archäologen Ecksteine, in die Medusenhäupter gemeißelt waren. Diese sind dort heute in der Rekonstruktion zu sehen. Auch beim römischen Heilbad in Aquae Sulis in Groß-Britannien, dem heutigen Bath, zierte ein riesiges Gorgonenhaupt den Giebel. Da die Schlangen eng mit den Heilquellen verbunden sind, ist somit klar, dass Medusa in der Antike vielschichtiger verstanden wurde als heutzutage und mit Heilung zu tun hatte.[61]

Die Flussgöttinnen und der Wasserdrache

Der Rhein ist *der* große europäische Strom, der durch die Schweiz, Österreich, Deutschland, Frankreich und die Niederlande fließt. Spätestens seit den Römern galt er als »Vater« Rhein, von seinem Wesen her war er jedoch immer ein Göttinnenfluss. In eddischer Zeit hieß er dementsprechend noch *die Rîn*.[62] Zu Ehren der dreifachen Wassergöttin in der Gestalt der Rheintöchter *Wellgunde*, *Flosshilde* und *Woglinde* feierten die Menschen im Frühling und im Herbst große Freudenfeste mit Prozessionen und Umzügen.[63]

Die Rheintöchter standen in tiefer Verbindung mit den Drachen des Rheins, von denen sich Erinnerungen in Legenden, Ortsnamen und Heiligengeschichten den gesamten Strom entlang gehalten haben. Dabei tritt eine häufige Vergesellschaftung mit der heiligen Margaretha auf. In der christlichen Übermalung soll Margaretha den Drachen bekämpft und überwunden haben, es fällt jedoch in der Ikonographie auf, dass solche Szenen und Posen nicht dargestellt werden. Vielmehr hält Margarethe, etwa auf ihrem Altarbild in Obersaxen in Graubünden, einen kleinen Drachen eher liebevoll im Arm.[64] Hier, im rätischen Alpenraum, ist Margarethe die alte Göttin des Landes, Marga Retia, Mutter Rätien, während der Drache den Fluss selbst verkörpert. Dieser überschwemmt mit seinem Hochwasser alljährlich die Erde und befruchtet als ihr Gefährte die Göttin des

Silbrig schlängelt sich der Drachenfluss Rhein an einem Winternachmittag durch das ruhende Land (Blick vom Drachenfels, Nordrhein-Westfalen).

Landes. Somit werden das Wachstum und die Ernte gesegnet und das Fortbestehen der Menschen gesichert.

Der Drache am verwunschenen Teich hinter der Drachenhöhle an der Nibelungenhalle, Nordrhein-Westfalen

Diese segenspendende Verbindung zwischen der Erdgöttin und dem Drachenfluss zieht sich den Rhein stromabwärts entlang. Noch im Siebengebirge bei Bonn finden wir unweit der Margarethenhöhe den weithin bekannten magischen Drachenfels. Auf halber Strecke bergauf kommen wir hier an der Nibelungenhalle vorbei, die Gemälde mit Szenen aus dem Nibelungenlied zeigt. Angegliedert ist das Reptilienhaus, das in der Tradition der Drachen steht, und zahlreichen Schlangen und Echsen ein Heim gibt. Hier ist dem Drachenfluss ein steinernes Denkmal gesetzt, das wir oft besucht haben, als meine Kinder klein waren. Nach einem mucksmäuschenleisen Weg durch den Felsen kamen wir zur Drachenhöhle, wo ein dreizehn Meter langer bemooster Drache an einem grünen Teich liegt, in dem zahlreiche Molche (nach Aussage meiner Kinder sind es Babywasserdrachen) leben. Meine Kinder haben immer gewusst, dass der Drache lebendig ist und sich bewegt, wenn er allein ist. Deshalb haben sie unermüdlich versucht, sich möglichst geräuschlos anzuschleichen und ihn zu überraschen, aber er hat sie immer gehört und sich in Stein verwandelt…

Ein weiterer Name der Göttin des Rheins ist *Frau Ley.* Frau ist dabei wieder der edle Titel der Göttin und der hohen Frau, und *Ley* bezeichnet in diesem Fall einen Weg,[65] den alten Fernweg, der der Rhein bis heute ist. Die Überflutung des Landes durch lebensspendendes Wasser ist ein bekanntes Motiv der Göttinnenmythologie, die Heilige Hochzeit im Sommer. Frau Ley in ihrer Gestalt als Liebende lockt die Fluten des Flusses zu all den Plätzen, wo sich Wasser und Land vereinen.[66] Bei Koblenz begegnet die Wasserkönigin ihren zwei Töchtern: von links fließt die Mosel, die Uhte Ley, und von rechts die Lahn, die Witte Ley, in den Rhein. Die Mosel ist dabei die Dunkle Ley, der Rhein die Rote Ley und die Lahn die Weiße Ley, eine große machtvolle Zusammenkunft der Großen Göttin in ihren drei Erscheinungen.[67] Im Mündungsgebiet tritt die Rheingöttin Frau Ley wieder als großer Mutterfluss auf: Waal, Yssel, Vecht und Amstel sind der Sage nach ihre Töchter und der *Krumme Rhein* ihr Sohn.

Göttin des Süßwassers

Das Leben, das aus dem salzigen Wasser entstanden ist, braucht süßes Wasser, um zu überleben. Sironas Feiertag ist die Sommersonnenwende, die kürzeste Nacht des Jahres und der längste Tag. Sie findet jedes Jahr zwischen dem 20. und 23. Juni statt. Der Juni ist in Deutschland der niederschlagsreichste Monat des Jahres. Die Regen bringen der Erde Fruchtbarkeit und lassen die Feldpflanzen gedeihen, von denen wir alle abhängig sind, selbst wenn wir sie nicht mehr selbst für uns anbauen. Süßwasser ist eines der kostbarsten Geschenke der Göttin überhaupt, denn ohne Trinkwasser können wir nicht überleben.

Wenn wir etwas trinken, danken wir Sirona für dieses Geschenk. An den heißen Tagen des Sommers kühlen wir uns in ihren Gewässern, in Flüssen, Teichen und Seen ab. Die Regentropfen erinnern uns auch an Sironas Verbindung zu Rahanna und daran, dass unsere eigene Verbindung zur Mutter des Wassers nie in Frage steht: Die Tropfen gelangen ins Wasser der Flüsse und werden zum Meer getragen, und der Ozean weist keinen Fluss ab. Sirona schenkt uns Freude und Leichtigkeit; wie die Kinder spielen wir in ihrem Wasser. Ich habe am Strand die ältesten Menschen dabei beobachtet, wie sie sich im Wasser leichter fühlen und wie Kinder in die Wellen springen. Wir feiern die warme Jahreszeit in den Gewässern, in denen wir baden, und danken dem Regen, der uns ganz praktisch das Überleben ermöglicht, und der unsere Emotionen symbolisiert.

Das Meer und seine Bedeutung für Frauen

»Das Meer, das Wasser ... ist das weibliche Wesen.«[68] Der Salzgehalt im menschlichen Körper ist exakt derselbe wie in den Weltmeeren.[69] In unserem Blut, in den Tränen und im Fruchtwasser ist noch deutlich spürbar und wissenschaftlich nachvollziehbar, dass unser Leben im salzigen Meer begonnen hat. So, wie in den salzigen Wassern der Ozeane alles Leben auf diesem Planeten begonnen hat, wiederholt sich dieses Wunder jedes Mal, wenn während einer Schwangerschaft neun Monate lang ein Fötus im Fruchtwasser schwimmt, gewärmt, behütet und ernährt von der Mutter. Deswegen ist die Göttin der Salzwasser auch die Göttin der Schwangeren und der Schwangerschaft.

Das Salzwasser, das mit seiner rohen Kraft schäumend in Höhlen und Buchten spült, ist immer auch ein Symbol für den sexuellen Aspekt der Meeresgöttin. Salzig wie die Säfte im Liebesfluss, ergießt sich das Wasser rhythmisch an den Strand und zieht sich wieder zurück. In der Bretagne erscheint Ran als *Daoud-Ahès,* die Prinzessin und Priesterin der untergegangenen Inselstadt Ys, die zur Meeresgöttin *Marie-Morgane* wurde. Dort sagt man, dass Marie-Morgane sich die Seeleute, die nicht vom Meer zurückkehren, zum Geliebten genommen hat. Rahannas Meerjungfrauengestalt drückt die Sinnlichkeit des Meeres aus, das die Seefahrer anlockt, und die einer Yoni so ähnlich sehende Kaurimuschel ist *das* Symbol für weibliche Sexualität.

Der Mond hat eine enge Verbindung mit Rans Meer. Ihm haben wir das Spiel von Ebbe und Flut zu verdanken, das besonders zu Vollmond besonders stark ausfallen kann. Dann singt das Rauschen von Rahannas Wellen im Einklang mit dem Rauschen des Blutes in unseren Adern, und wir spüren Rahannas sexuelle Kraft in unseren Körpern, denn wir Frauen sind durch unseren Zyklus direkt mit dem Mond und durch den Salzgehalt unseres Mondblutes mit Rahannas Meer verbunden.

Das Wissen um die Verbindung des Wassers mit dem Mond, mit der weiblichen Sexualität und der Fähigkeit der Frauen, Leben zu tragen und zu gebären, und mit der Göttin, die das Leben aus dem Wasser schenkt, hat sich in unzähligen Geschichten und Mythen bewahrt: Frauen mit Kinderwunsch schöpfen und trinken zur Frühlingstagundnachtgleiche bei Sonnenaufgang Quellwasser, um fruchtbar zu werden.[70] Im Schwabenland und in der Schweiz holt die Göttin *Vrene* die ungeborenen Kinder *aus dem Berg* oder *aus dem Brunnen*. Aus ganz Deutschland gibt es zahlreiche Geschichten von unfruchtbaren Frauen, die in Seen oder Teichen baden, um schwanger zu werden.[71] Am Grunde ihres Sees hütet die Göttin die ungeborenen Kinder, mit denen sie dann die Bäuche der Frauen segnet, die an der Schwelle zur Wandlung von der Liebenden zur Mutter stehen. Es ist tief in unser kulturelles Göttinnenwissen eingewoben, dass der Übergang, der Wandel von der Liebenden zur Mutter durch Wasser stattfindet. Dies ist der Grund, weshalb sich die Göttin des Wassers, die Göttin der Schwangeren und der Schwangerschaft, auf dem Rad im Süden befindet, zwischen der Liebenden und der Mutter.

Gewässer, die Tore zur Anderswelt

Seen und Teiche sind immer Portale zur Anderswelt, zur Göttin. In der bekannten Mythe reisen die Mädchen durch den Brunnen in das magische Reich von Frau Holle. Auf dem Hohen Meißner in Hessen, Frau Holles heiligem Berg, liegt der Frau-Holle-Teich, an dessen Grund sie wohnt. Germanen und Kelten opferten ihren Göttinnen in Seen und Mooren ganze Reichtümer: erbeutete

Im Wasser erhaltene Zeugnisse der Göttinnenverehrung unserer Vorfahren: das Nydamboot im Schloss Gottorf, Schleswig-Holstein

Waffen und Schmuck bis hin zu vollständigen Schiffen, wie etwa das bekannte Nydamboot zeigt.[72] In Niederdorla in Thüringen wird auf einem riesigen Areal seit Jahren ein heiliger Bezirk erforscht, der See, Moor und verschiedene Heiligtümer umfasst. Hier wurden der Göttin von der Eisenzeit bis in 11. Jahrhundert hinein (!) Opfergaben dargebracht.

Die zahlreichen Geschichten von Nixen und Naiaden in Quellen tragen in sich die Erinnerung an die Zeit, als man noch wusste, dass in jeder Quelle und jedem See die Göttin lebt. Neben der Medusaquelle (dem oben erwähnten Grünen Pütz), dem Opfermoor in Niederdorla und den Sironaheiligtümern gibt es noch zahlreiche weitere Opfermoore und -seen und Quellheiligtümer wie die Heilquelle bei Kindsbach, Kreis Kaiserslautern, mit in den Fels geschlagenen Reliefdarstellungen von Göttinnen (die möglicherweise Matrona und Epona zeigen) sowie Weihegaben von Matrona-Terrakotten, oder wie der Brodelbrunnen in Bad Pyrmont, in dem u.a. über 250 feingearbeitete, germanische Kupferfibeln aus dem 1. – 5. Jahrhundert, manche mit Silberblech überzogen, und eine mit farbigen Emailarbeiten verzierte Schöpfkelle gefunden wurden.[73] Über Deutschlands Grenzen hinaus sind zahlreiche Heiligtümer der Wassergöttin aus prähistorischer Zeit bekannt, die teilweise bis heute genutzt oder sogar verehrt werden.[74] Auch die Tatsache, dass die meisten Flüsse weibliche Namen haben, hängt damit zusammen, dass der Fluss immer von einer Göttin, einem weiblichen Naturgeist, einer Nymphe beseelt wurde – und wird.

Die spiegelglatten Oberflächen der Seen und Teiche sind ein guter Ort, um mit der Göttin zu kommunizieren, Münzen oder Blumen zu opfern und ins Wasser zu schauen, um zu erfahren, was die Zukunft bringt, besonders wenn es den Mond widerspiegelt.

Göttin der Emotionen und Intuition

Auf unserer Reise durch das Jahr wird das, was wir gesät haben, was zu Imbolc begann, was durch Feuer Kraft bekam und was zur Maienzeit erblühte, im Sommer durch unsere Emotionen gedüngt. Was in unserem Leben für uns so wichtig ist, dass wir emotional darauf reagieren, wird durch unsere Gefühle gefüttert und am Leben gehalten.

Wir haben die Freiheit zu entscheiden, was wir weiter nähren und am Leben erhalten wollen und was nicht. Das Fest der Wassergöttin und Königin der Gefühle stellt den Höhepunkt der hellen Zeit dar, danach beginnt die Dunkelheit wieder an Kraft zu gewinnen. Es ist ein guter Zeitpunkt, um mit Hilfe der Wassergöttin zu entscheiden, wohin wir unsere Energie von nun an fließen lassen wollen.

Wasser reagiert auf Emotionen. Die Zusammenstellung der Wasserkristalle ändert sich, wenn über Wasser gesungen oder gebetet wird, wie die großartigen Fotografien von Masuro Emoto zeigen. Deswegen müssen wir unserem Körper, der zu über 70% aus Wasser besteht, Liebe entgegenbringen.

Die Rheintöchter hüten, der bekannten Geschichte nach, den sagenumwobenen Goldschatz der Nibelungen, bis der Zwerg Alberich den goldenen Ring stiehlt. Darüber werden die Rheintöchter so traurig, dass sich das Wasser des Rheins dunkel verfärbt. Noch heute sagen wir im Rheinland, dass wir an der Farbe des Rheins die Stimmung der Rheintöchter erkennen können. Tief unter der Wasseroberfläche – unten in unserem Ozean der Emotionen, die wir alle zu fühlen imstande sind – hüten wir unsere Schätze: Erinnerungen an die Menschen, Orte und Dinge, die wir lieben, Träume und das tiefe intuitive Wissen, wer wir sind auf dieser Erde. Wenn uns jemand verletzt, uns unsere Schätze raubt, werden wir traurig. Ebenso verbergen wir dort unten unsere Ängste, unsere Erinnerungen an Schlimmes, unsere Traurigkeit und Sorgen.

Die Rheintöchter lehren uns, unsere negativen Gefühle zuzulassen und nicht zu verdrängen. Wir sollen die dunklen Seiten nicht wegsperren, denn sie müssen ebenso gelebt werden wie unsere positiven Gefühle. Wasser ist bei großem Schmerz die Linderung: Tränen helfen uns, Schmerzen zu verarbeiten. Sie sind das Mittel, das unser Körper uns gibt, um Erlebnisse im Körper nicht festzuhalten, sondern fließen zu lassen. Sie verbinden uns mit den salzigen Wassern der Meere und können aus Traurigkeit und Verzweiflung vergossen werden oder aber auch aus Freude, Glück und Rührung. Sie verbinden uns mit Rahanna und erinnern uns daran, dass *alle* unsere Gefühle Geschenke von ihr sind. Nur wenn wir sie alle annehmen und in unsere Persönlichkeit integrieren, sind wir wirklich lebendig.

In unserer patriarchalen Gesellschaft wird die Ratio über die Gefühle und Intuition gesetzt. Was wir im Körper spüren wird als Unsinn abgetan, denn es logisch nicht nachvollziehbar. Uns wird beigebracht, Optionen möglichst nüchtern gegeneinander abzuwägen, anstatt unserer Intuition zu folgen. Die Intuition jedoch ist die Stimme der Göttin, die zu uns spricht und uns ganz deutlich sagt, welche Entscheidungen wir treffen sollten; was gut für uns ist und was nicht. Die Stimme der Göttin können wir alle hören, wir müssen nur in Betracht ziehen, dass intuitiv gefühlte Dinge genau so wahr und richtig sind, wie wissenschaftlich belegte, und uns daran gewöhnen, ihrem Rat (das bedeutet: unserer Intuition) in unserem Alltag mehr Raum zu geben.

Das Wasser symbolisiert als Element die Intuition. Wenn wir uns die Zeit nehmen, ruhig zu werden und in uns hineinzulauschen, steigen aus unserem Bauch die Antworten auf all unsere Fragen auf wie Blasen aus tiefem Wasser. Wasser steht, wie bereits ausgeführt, für Emotionen und Gefühle. Heutzutage sind wir oft so sehr darauf trainiert, uns nicht von unseren Gefühlen leiten zu lassen, dass wir nicht mehr wissen, wie wir mit all unseren Gefühlen umgehen sollen. Wir verdrängen, womit wir nicht fertig werden, bis wir gar nicht mehr wissen, was wir fühlen. Tief wie der Ozean und ebenso geheimnisvoll ist die Fülle der Gefühle, die wir heutzutage unter unserer Oberfläche verbergen.

Im Laufe der Geschichte hat bei den Geschlechtern eine Trennung stattgefunden, die tiefe Verletzungen in der Seele darstellen: Frauen, die nett, bescheiden und lieb sein mussten, hat man untersagt, negative Gefühle zuzulassen und sie dadurch von einem Teil ihrer Selbst abgeschnitten. Wut, Aggression und negativen Gefühle mit lauter Stimme auszudrücken, gilt als unweiblich. Männern hingegen, die stark zu sein hatten, wurde eingeredet, traurig zu sein, um Hilfe zu bitten, Mitgefühl und Selbstlosigkeit seien Schwäche, und sie wurden dadurch ebenfalls von einem Teil ihrer Selbst abgeschnitten. So gehen Frauen wie Männer heute nicht als ganze, heile Wesen durch ihr Leben. Als Frauen fürchten wir, abgelehnt zu werden, wenn wir energisch sind, wenn wir wütend sind, wenn wir »Nein!« sagen, besonders, wenn wir nicht logisch erklären können, warum, sondern nur intuitiv fühlen, dass wir nein sagen müssen. Und ebenso wie die Männer fühlen wir uns verletzbar, wenn wir sanft und weich sind und uns öffnen.

Wenn wir hinabtauchen, um den Rheintöchtern und Rahanna zu begegnen, können wir verlorengeglaubte Schätze zurückbekommen. Es erfordert Mut, hinabzutauchen in die tiefsten Abgründe der Seele, wo es dunkel ist, und zu erkunden, was wir wirklich fühlen und warum. Doch dort unten, in der Tiefe, wachsen auch die kostbaren Perlen, und wir können wunderschöne Schätze finden. Dazu gehören auch jene Emotionen, die uns Angst machen. Solange wir am Leben sind, fühlen wir diese Unmenge an Gefühlen, die uns Kraft geben oder auch kosten können. Doch wir werden mit dem tiefen Erleben, dass wir lebendig sind belohnt, dass wir ehrlich uns selbst gegenüber sind und bewusst und ganz (nicht bruchstückhaft) durch das Leben schreiten.[75]

Die Rheintöchter lehren uns als Flussgöttinnen, dass unsere Emotionen unsere Verbindung zur Wassergöttin sind, so wie jeder Fluss ins Meer fließt. Die neun Wellentöchter ermuntern uns, allen Emotionen Ausdruck zu verleihen, die zu fühlen wir imstande sind. Rahanna als Mutter Ozean ist die große Göttin des Mitgefühls, die uns liebevoll hält, wenn wir unserem Schattenselbst begegnen und Heilung beginnt. Sie hält uns, wenn unsere Emotionen überquellen und wir die Tränen vergießen, die Erleichterung schaffen – so lange, wie wir brauchen, bis es uns besser geht.

Rahannas Kelch

Das Symbol der Mutter des Wassers ist der Kelch, der die Quelle, ihren ewig fruchtbaren Schoß, symbolisiert, aus dem unaufhörlich das Leben und die Gaben der Göttin sprudeln. Das Symbol der Wassergöttin steht für das göttlich-weibliche Mysterium der Großen, allumfassenden Göttin des Erschaffens, Gebärens und Hervorbringens. Jede natürliche Quelle, an der Wasser aus dem Körper von Mutter Erde an die Oberfläche dringt, ist ihr heiliger Ort, an dem sie verehrt wird.

Der Gral der Mädchengöttin, der Becher mit dem Nektar der Liebenden, der Kelch der Mutter und der Kessel der Greisin, sie alle sind Bilder für die Gebärmutter, in der das Leben entsteht, und für den Schoß der Göttin, in den wir zurückkehren und aus dem wir wiedergeboren werden.[76] Jede Frau, ob sie Kinder austragen kann oder will oder nicht, kommt mit einer Gebärmutter auf die Welt und ist dadurch die Verkörperung des heiligen Gefäßes der Großen Göttin und von Rahannas Kelch.

Im 19. Jahrhundert wurde in einem hallstattzeitlichen Grab in Österreich ein bronzener Kesselwagen gefunden. Darauf sind mehrere stehende und reitende Menschen sowie Pferde- und Hirschfiguren um eine sie alle überragende Göttin gruppiert, die auf ihren Händen einen Kessel trägt. Dieser Wagen wird in das

7. Jahrhundert vor der Zeitenwende datiert.[77] Älter sind die Kesselwagen aus Acholshausen, Baden-Württemberg, (um 1000 v. d. Z.) und aus Peckatel, Mecklenburg-Vorpommern (um 1300 v. d. Z.). Diese Wagen haben keinerlei Figuren, der Kessel befindet sich direkt auf dem Fahrgestell. Meine Überlegung ist, dass die Menschen in der Älteren Bronzezeit den Kessel selbst noch als Göttin verstanden, während sich im Wagen von Strettweg der Übergang zur Göttin in Frauengestalt, deren Gegenstand der Kessel ist, zeigt.[78]

Die Mutter des Wassers verehren

Zur Sommersonnenwende fülle deinen Kelch mit klarem Wasser. Dieses nimmt die Energie und Schwingung des Tages auf. Jeden Abend gieße das Wasser auf die lebendige Erde aus und fülle deinen Kelch mit frischem Wasser. Verbringe Zeit am Wasser. Bringe der Mutter des Wassers Blumengaben dar, die du auf ihrem Wasser mit deinen Gebeten davontreiben lässt. Gehe an Flüssen, Teichen und am Meer spazieren, gehe schwimmen. Tauche ein in das Element der Mutter des Wassers. Erforsche deine Emotionen und erlaube dir, zu spüren, was du spürst. Würdige deine erotische Natur in den kurzen warmen Nächten, und mache Liebe am Wasser.

Entzünde der Göttin zu Mittsommer Sonnenwendfeuer, die die kürzeste Nacht erhellen und sich in den Bächen, Flüssen und Teichen spiegeln. In Schweden gibt es den Brauch, in der Abenddämmerung neun Wildblumen zu pflücken und unter das Kopfkissen zu legen. In der Nacht übermittelt uns die Göttin durch den Traum eine Botschaft und ihren Segen. Der längste Tag ist ein guter Tag für fröhliche Picknicks im Garten und in der Natur, an Ufern von Flüssen, wo ihr frisches Wasser unsere Füße kühlt. Wir winden Blumenkränze mit unseren Kindern und trinken selbstgemachte Limonade, während um uns herum die Blumen blühen.

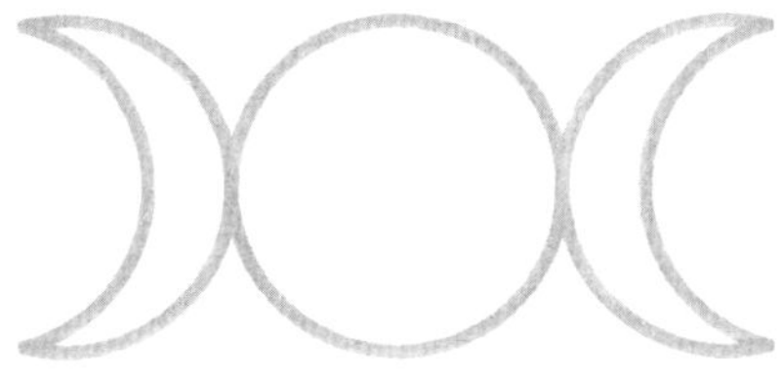

DIE GROSSE MUTTER

Zu Beginn der Erntezeit, wenn alles reift und sich Früchte bilden, wandelt sich die Göttin erneut und nimmt ihre Gestalt als Mutter an. Sie ist *Caiva*, die Große Mutter, die für uns sorgt und uns bedingungslose Liebe schenkt, *Sif*, die goldene Kornmutter der Ernte, und *Rosmerta*, die Göttin der Fülle und des Überflusses. Sie ist *Frigg*, die Große Frau, die gemeinsam mit *Fulla*, Göttin der Fülle, authentische, bestärkende Beziehungen zwischen Frauen heiligt, und *Lohra*, die gehörnte Göttin des Waldes.

Die Muttergöttin schenkt uns das Leben. Wir verehren sie in den Müttern unter uns: den Frauen, die Leben getragen und geboren haben oder auf andere Weise Kindern eine Mutter sind. Ihre Tiere sind die gehörnten Kreaturen: das Reh, der Hirsch, aber auch Schaf und Ziege und vor allem die Kuh. Ihre Himmelsrichtung ist der Südwesten und ihre Farben sind Gelb und Gold wie die reifen Kornfelder, die das Land überziehen.

Die Gaben der Muttergöttin sind Fülle: bedingungslose Liebe und Ernte im Überfluss. Sie schenkt uns außerdem die Gnade der authentischen Beziehungen, Zugehörigkeit zu unserer Sippe und gesunde Grenzen. Ihr Symbol ist das Füllhorn, das Hirschgeweih und die Weizenähre. Ihr Baum ist die Esche.

Caiva
Die Mutter

Anfang August, wenn der Weizen reift und goldene Sonnenstrahlen die Welt mit Wärme und Licht erfüllen, feiern wir die Muttergöttin. *Caiva* ist die Goldene, die Göttin des Beginns der Erntezeit. Ihr Name bedeutet *Geliebte,* und sie ist als Mutter das Herz und das Zentrum der Familie. Sie versammelt die Familie, die Sippe um den Herd und teilt die Speisen aus, mit denen sie alle ernährt.[79] Die Göttin als Hüterin der Herdstelle ist aus römischer und griechischer Zeit bekannt, aber die Muttergöttin, Korngöttin ist viel älter. In der alteuropäischen, also vor-indoeuropäischen Zeit war der eigene Herd und Ofen Abbild der Göttin selbst und daher ihr heiliger Bezirk. Es gab keine Trennung von Alltag und Göttlichkeit.[80]

Caiva ist die Augustsonne und die Korngöttin, ihre Gaben sind Mehl und Brot. Auf der Hustley oberhalb von Gerolstein wurde ein Heiligtum von Caiva aus gallo-römischer Zeit ausgegraben.[81] Die Mutter ist gleichzeitig Schöpferin und Zerstörerin.

Lammasaltar mit Bildern, Figurinen und Symbolen in den Farben der Muttergöttin: Gelb und Gold

Während der Schwangerschaft erleben wir die schöpferische Kraft der Göttin im eigenen Körper: Im Bauch der Mutter wächst neues Leben heran. Wir sind die Göttin in menschlicher Form.

Sie entscheidet, ob sie Leben schenken will oder nicht. Wenn sie sich dafür entscheidet, das Leben zu gebären, übernimmt sie die volle Verantwortung für ihr Kind und tut alles, damit es zu einem gesunden, das heißt, zu einem glücklichen, verantwortungsbewussten, starken Wesen heranwachsen kann. Wenn sie sich dagegen entscheidet, ist es ihr Geburtsrecht, und das aller Frauen, das Kind nicht auszutragen, sondern die Seele mit Liebe zurück zum Ursprung zu senden.

Die Muttergöttin ist in uns besonders stark, wenn wir schwanger sind, unter der Geburt, wenn wir stillen und wenn wir unsere kleinen Kinder versorgen. Wir spinnen unseren eigenen Lebensfaden und den unserer Kinder.[82] Sind unsere Kinder größer und brauchen uns nicht mehr so unmittelbar, fließt die Energie der Muttergöttin weiter durch uns: Wir verweben die Fäden unseres Lebens miteinander – Kinder, Beruf, Partnerschaft, Freundschaften, Hobbies – und halten die Fäden unseres Lebens, das wir geschaffen haben, fest in der Hand.[83]

Caiva ist diejenige, die uns mit ihrem goldenen Licht umgibt und in deren Welt wir so sicher sind, wie wir uns als Kinder gefühlt haben, wenn unsere Mütter uns auf den Schoß und in den Arm genommen haben. Caivas Energie ist die bedingungslose Liebe der Mutter. Sie sorgt für uns und schenkt uns alles, was wir zum Leben brauchen: Nahrung, ein Heim und Gesellschaft.

Sif

Göttin des Korns

Die nordische Göttin Sif ist die Göttin des Hochsommers, die von der Sonne erwärmte Erde ist ihr Körper und die Kornfelder sind ihr goldenes Haar. Nachdem Loki ihr die Haare abgeschnitten hatte, zwang Thor, Sifs Ehemann, ihn dazu, Sifs Haar zu ersetzen. Loki ließ von zwei Zwergen Haar aus Gold für Sif herstellen, das wie richtiges Haar wuchs. Sifs Beinamen sind *die Schönhaarige* und die *haarschöne Göttin*. In der Geschichte spiegelt sich das das zyklische Prinzip der Göttin wider. Das goldene Haar wird mit

Das goldene Haar der Sommergöttin Sif, die uns Familie und Gemeinschaft schenkt

dem reifen Getreide gleichgesetzt, das ab August gemäht (abgeschnitten) wird, wenn die Mutter zur Greisin und die Sommerfrau zur Wintergöttin wird, und nach der Ruhezeit im Winter wieder nachwächst, wenn die Greisin sich zum Mädchen wandelt. Sifs Name leitet sich vom ahd. *sippia, sippa* ab, was Friede, Freundschaft und Sippe, Verwandtschaft bedeutet.[84] Wie Caiva ist Sif als Mutter der Mittelpunkt ihrer Familie und das Herz der Sippe.

Die Kornmutter ist eine der ältesten Erscheinungsformen der Großen Göttin.[85] Seit dem neolithischen Umschwung betreiben die Menschen Landwirtschaft. Die Kornähre ist seither das Symbol für die Gaben der Muttergöttin: Sie schenkt uns das Korn, das wir zu Mehl mahlen aus dem wir Brot backen. Aus den ältesten Hochkulturen in Mesopotamien und der Donauzivilisation sind die Göttin als Kornmutter und das Brotbacken als göttliche Gabe an die Menschen bekannt. Aus der alteuropäischen Karanovokultur sind Backofenmodelle aus religiösen Zusammenhängen erhalten, und Göttinnenfigurinen sind in ganz Alt-Europa oft neben Backöfen oder in Vorratsgefäßen mit Korn und/oder Mehl niedergelegt worden.[86] Wieder zeigt sich der Herd und sein Umfeld als heiliger Bezirk.

Noch heute ist Brot *das* Grundnahrungsmittel. Auch wenn wir es heute meistens kaufen und kaum noch selbst backen, hat die Kornmutter nichts von ihrer Bedeutung verloren: Noch heute sind wir jeden einzelnen Tag auf die Gaben der Muttergöttin angewiesen. Wir feiern Sif und Caiva an ihrem Festtag, dem 2. August. In Deutschland heißt er oft das erste Schnitterinfest, mit dem der Beginn der Ernte gefeiert wird. Dieses Fest markiert den Zeitpunkt, an dem das erste Korn gemäht wird: die Schnitterin schreitet über das Land. Die Mutter erschafft und die Mutter zerstört. Das Korn wird gedroschen und gemahlen und das erste Brot aus dem Mehl des Sommers gebacken.[87] Früher wurden aus den letzten Ähren auf dem Feld Kornpuppen nach dem Bild der Göttin geflochten, die den Winter über aufgehoben wurden. Symbolhaft stehen sie dafür, dass uns die Muttergöttin mit ihrer Fülle versorgt und wir den Winter über genug zu essen haben.

Kornpuppen bringen den Segen der Kornmutter ins Haus.

Im Frühjahr des nächsten Jahres, zu Beginn der Feldarbeit, wurde die Kornpuppe aufs Feld gebracht und mit den ersten Samen eingesät. So konnte Sifs Haar nachwachsen – das Jahresrad dreht sich und die Göttin erneuert sich selbst. Dieser Brauch hat sich in der Folklore und der katholischen Kirche durch kunstvolle Kornflechtereien erhalten, mit denen die Muttergöttin heute in Maria oder weiblichen Heiligen verehrt wird. In zahlreichen Kapellen kann man sie sehen.

Wir feiern Sif und Caiva in den Kornkreisen auf ihren Feldern, die Jahr für Jahr entstehen. Die Theorien, wie diese wunderschönen Formationen entstehen, sind vielfältig. Ob sie nun von Menschen, von Außerirdischen oder von der Göttin selbst gemacht werden – fest steht, dass sie besondere Orte sind, zu denen die Menschen auf der Suche nach einer spirituellen Erfahrung der Göttin kommen. Für die Zeit bis zur Mahd sind sie tatsächlich zeitweise Tempel.

Bei meinen Recherchen im Internet stieß ich auf die mir vorher vollkommen unbekannte *Roggenmuhme*. Als ich rein zufällig meiner Mutter gegenüber nur diesen Namen erwähnte, zuckte sie zusammen und stieß spontan hervor: »Vor der habe ich als

Kind solche Angst gehabt!« Eine Muhme ist eine Tante mütterlicherseits. In der Kindheit meiner Mutter sagte man, die Roggenmuhme lebe unter den Kornfeldern. Kinder, die zu weit in die Felder hineinlaufen, zieht sie unter die Erde. Meine Mutter nimmt an, dass man den Kindern mit der Roggenmuhme Angst machte, damit diese das Korn nicht niedertrampelten, aber auch, damit sie im Kornfeld nicht verlorengingen, wenn sie zwischen den hohen Halmen den Weg zurück nicht mehr fänden.

Die Roggenmuhme ist der harte Aspekt der Kornmutter – die Mutter, die uns Angst macht in ihrer Strenge (auch wenn ihre Strenge zu unserem Besten ist), und die uns auch zu jenen Dingen anhält, die uns Angst machen, damit wir uns weiterentwickeln können. Sie fordert Respekt ein und verlangt von uns Wertschätzung für das, das sie wachsen lässt, und dass wir ihre Gaben ehren. Sie zeigt uns, dass ihre Regeln sinnvoll sind, und es Konsequenzen hat, wenn wir dem Leben nicht dienen, ihre Regeln nicht achten und ihre Gaben nicht ehren.

Mütter sind nicht automatisch schlechte Mütter, nur weil sie streng sind. Klare Ansagen helfen kleinen Kindern, die Welt zu verstehen und sich in ihr zurechtzufinden. Die Roggenmuhme ist die Mutter, die in ihrer Liebe hart sein kann. Sie ist auch die Härte, die die Schnitterin braucht: Die Mutter, die das Leben nimmt. Um Mehl zu mahlen und Brot zu backen, bringt sie dem Getreide den Tod. Im Jahresrad deuten sich hier der Herbst und Winter an: In der Hoch-Zeit des Lebens, in der Fülle des Sommers beginnt das Sterben. Genauso feiern wir in der Hoch-Zeit des Winters das Leben, das aus der Dunkelheit geboren wird. Im Weltbild der Göttin stehen sich Leben und Tod nicht als Gegner gegenüber, sondern der Tod ist mitten im Leben und das Leben mitten im Tod.

Wir feiern nicht nur die Mütter unserer Familie und Gemeinschaft und das göttliche Geschenk der Frauen, Leben zu gebären, sondern beginnen auch über die Ernte in unserem Leben nachzudenken. Die beginnende Ernte kündet vom nahenden Herbst und dem Kommen der dunklen Zeit. Die Schnitterin beginnt ihren Gang über das Land. Was können wir sterben lassen, wovon uns trennen? Wo können wir einen Schnitt machen?

Rosmerta

Mutter der Fülle

Der Hochsommer ist die Zeit der Reife und der Fülle. Rosmerta ist die keltische Göttin der Fülle und des Überflusses. In keltischer und gallo-römischer Zeit wurde sie in Deutschland und Frankreich verehrt.[88] Auf den Weihesteinen wird Rosmerta mit Heroldsstab und Füllhorn oder Geldbeutel abgebildet. Sie verkörpert das Land im August, wenn die Muttergöttin uns verschwenderisch und großzügig all ihre Gaben schenkt: goldene Kornfelder, reifes Obst und Gemüse, Blumen und, in den langen Sonnenstunden, Zeit. In meiner Kindheit auf einem norddeutschen Dorf schien es, als ob die Sommernachmittage nie zu ende gingen. Wenn ich Freundinnen besuchen wollte, radelte ich zwischen Feldern, auf denen Weizen, Mais, Kürbis, Zuckerrübe oder Roggen reifte, und Wiesen, auf denen Kühe und Schafe weideten, in die nächsten Dörfer und abends wieder zurück. Es schien ewig lange hell. Der reife Weizen wiegte sich golden unter der Sommersonne im sanften Sommerwind. Die Fülle und der Überfluss der Göttin sind im August überall zu sehen, alles lebt, und die Erde scheint vor ihren Gaben überzuquellen.

Weihegaben für Rosmerta im Koblenzer Tempel, Rheinland-Pfalz

Im Koblenzer Stadtwald haben Archäologen einen Rosmertatempel aus gallorömischer Zeit freigelegt und teilweise rekonstruiert. Im August spenden die Bäume angenehmen Schatten. Wir fahren dort hin, um Rosmerta Opfergaben in Dankbarkeit für alles, was sie uns schenkt, darzubringen, um zu picknicken und unser Essen – die Gaben der Muttergöttin – miteinander zu teilen. Ein Opfer für die Muttergöttin hat weder mit blutigen Ritualen, wie man sie aus patriarchalen Religionen kennt, noch mit dem leidvollen Verzicht auf irgendetwas, wie wir es aus dem Christentum kennen, zu tun. Opfer für die Göttin sind Gaben, Geschenke, die aus Dankbarkeit und mit Liebe dargeboten werden. Blumen, zum Beispiel getrockneter Lavendel und Rosenblüten, oder Getreide, Nüsse und Kerne, zum Beispiel Sonnenblumenkerne – alles, was biologisch abbaubar ist – sind gute Opfergaben.

Rosmertas Symbol ist das Füllhorn. Ursprünglich war das Füllhorn ein Ziegenhorn, das mit Blumen und Früchten gefüllt war. Als Symbol der Göttin steht es für den Überfluss und die Fülle der Gaben, die sie uns täglich gibt.[89] Fülle und Überfluss an guten Dingen beziehen sich auf jegliche Aspekte des Lebens: Nahrung, Liebe, Gesellschaft, Austausch und Geld. Geld ist in spirituellen Kreisen manchmal ein heikles Thema. Manche Leute finden, Priesterinnenarbeit und Göttinnenveranstaltungen sollten kein Geld kosten. Doch wir brauchen Fülle in unserem Leben – heutzutage nicht mehr nur an Nahrung, die wir jeden Tag essen, sondern eben auch an Geld. Denn viele Frauen und Männer, die ihr Leben mit der Göttin leben, bekommen in der patriarchalen Gesellschaft, in der wir leben, wenig Unterstützung.

Priesterinnen, Heilerinnen und Künstlerinnen haben oft am wenigsten Geld und brauchen eine übergroße Portion Idealismus und Optimismus, um an ihrer Lebensweise festzuhalten. In der alten Zeit wurden Priesterinnen von ihren Mitmenschen für ihren Dienst für die Gemeinschaft bezahlt oder von den Menschen kollektiv versorgt. Heute ist das nicht mehr so. Unsere Arbeit ist für die Menschheit ebenso wichtig wie die von Landwirten, die die Nahrung produzieren, von der wir alle abhängig sind. Traurigerweise werden beide unterbezahlt. Ganz gewiss ist unsere Arbeit bedeutungsvoller und wichtiger als etwa die vieler hochbezahlter Banker, Waffenlobbyisten, Fußballer und Prominenten, die merkwürdigerweise niemandem dienen und dennoch nicht erklären müssen, wieso sie sich bezahlen lassen.

Es ist ein schwieriger und langer Weg, den wir beschreiten um die Welt zu ändern. Alternativen zu unserer kapitalistischen Gesellschaft, die es zu versuchen und zu perfektionieren gilt, wären z.B. das bedingungslose Grundeinkommen und die Kultur des Schenkens (auch: Schenkökonomie). Wir haben genug für alle auf der Welt, es ist nur ungerecht verteilt.[90] Vielfach wird dieser Energieausgleich bereits praktiziert. Wunderbarerweise treten mehr und mehr Menschen als Priesterinnen, Heilerinnen und Künstlerinnen hervor oder schlicht als Menschen, die die verschwenderische, rücksichtslose Lebensweise unserer Gesellschaft nicht länger unterstützen wollen, und je mehr wir werden, desto besser werden unsere Chancen, dass wir eines Tages wieder in Einklang mit unserer Mutter Erde leben und nicht mehr abgetrennt von ihr.

Zum Fest der Muttergöttin danken wir ihr für alles, was sie uns in unserem Leben schenkt. Wir praktizieren Dankbarkeit, beten zu ihr und danken ihr, wobei wir uns jede einzelne Sache, die uns mit Dankbarkeit erfüllt, bewusst machen.

Frigg und Fulla

Im deutschen Göttinnenrad verehren wir Frigg im Südwesten als Große Frau. Sie ist die Göttin der authentischen, nährenden Beziehungen. Frigg ist von kräftiger Statur und gemeinsam mit ihrem Ehemann Odin leitet sie die Schicksale der Menschen. Dabei ist sie ihm an Klugheit und Wissen überlegen, und sie kennt das Geschick der Welt. Ihr Name ist mit Freyas Namen verwandt, bedeutet aber auch *sich freuen*. Sie ist eine fürsorgende, Freude schenkende Göttin, die aktiv in die Geschehnisse der Welt eingreift, um ihren Anhängern zu Erfolg zu verhelfen.[91]

Das Sternbild des Orion war bei den nordischen Völkern als Friggrocken, als Spinnrocken der Frigg, bekannt. Sie webt die Fäden von wahren Beziehungen. Nach deren Tod begrüßt Frigg die Liebenden und Eheleute in ihrem glänzenden Palast *Fensal*, wo sie ihren Bund aufs Neue schließen. Doch vor allem ist sie die Große Frau, die die Beziehungen unter Frauen segnet. Frigg hat eine Gruppe von Göttinnen um sich, mit denen sie in Beziehung steht, zusammenarbeitet und sich berät. Zu diesen gehören *Gna* und *Hlin,* die bekannteste ist jedoch Fulla, ihrerseits selbst eine Göttin der Fülle. Fulla hütet die Kiste der Frigg, der Göttinnenmutter, aus der ohne Unterlass Gaben und Segnungen gespendet werden.[92]

Frigg und Fulla und die anderen Göttinnen ihres Kreises geben uns ein besonderes Geschenk: unser Geburtsrecht als Frauen auf wahre, authentische Beziehungen miteinander, sich wirklich aufeinander einlassen zu können und einander durch Dick und Dünn zu unterstützen. Die vielbeschriene Konkurrenz unter Frauen ist kein Teil der unverfälscht weiblichen Natur, sondern ein Produkt der patriarchalen Gesellschaft.[93] Der natürliche Weg von Frauen ist es, sich selbst in ihrer Individualität mit Schwächen und Stärken anzunehmen und sich gegenseitig ohne Konkurrenz zu bestärken. Wenn jede Frau sich selbst als wertvoll annimmt, sind Frauen und ihre Beziehungen zu einander heil. Das Geschenk und die Freiheit darin sind, Verantwortung für sich selbst und das eigene Handeln zu übernehmen und gesunde Grenzen aufrechtzuhalten, während wir uns selbst und unseren Mitfrauen wohlmeinend begegnen, nicht aufgrund von Schattenverhalten in die Reaktion gehen und keiner anderen Frau in den Rücken fallen. In der Selbstliebe und der eigenen authentischen Wahrheit zu leben, beendet die Konkurrenz mit anderen Frauen, und eine starke Frau stärkt weitere Frauen.

Lohra
Die Gehörnte Göttin

In der Hitze des Sommers spendet uns der Wald angenehme Frische und Kühle. Lohra ist die Herrin des Waldes und der Tiere. Nach Legenden aus Thüringen kann Lohra Hirschgestalt annehmen und erscheint den Menschen als Reh. Sie ist die Königin der Waldgeister und Zwerge. Mit ihnen lebt sie tief verborgen im Wald zwischen Rosen und anderen duftenden Blumen, mit den Vögeln und Sommerbäumen. Eine Felsspalte birgt den Zugang zu diesem lebendigen Paradiesgarten, wo die wunderschöne, in Gold gekleidete Göttin in einem Rosengarten Hof hält. Lohra beschützt die Liebenden.[94] So wie sie in ihrem Garten die Lebensenergie in Pflanzen und Tieren schützt, so ist ihr die Lebensenergie zwischen den Menschen heilig. Vielleicht ist der Wald in der Mainacht deshalb so ein heiliger Ort: weil Lohra als Muttergöttin die universelle, bedingungslose Liebe auf eine ursprüngliche, elementare Art und Weise ausstrahlt, die uns unmittelbar erreicht und mit allem in der Welt verbindet; eine rauhe, ungezähmte Energie, die Kraft und Liebe ist. Die weiße Hindin ist ihr magisches Tier aus der anderen Welt, die von Geheimnissen raunt. Manchmal nimmt sie auch selbst die Gestalt einer weißen Hindin an. Hirsche und Rehe leben versteckt im Wald, aber kommen doch oft genug in die Kornfelder der Menschen heraus. Ebenso leichtfüßig können sie zwischen der Welt der Menschen und der Göttin wechseln.

Im Sommer tragen Lohras gehörnte Tiere die goldene Sonnenscheibe der Göttin zwischen den Hörnern. Als Stammesgöttin und Mutter der Rehsippe erscheint Lohra mit dem Hirschgeweih auf der Stirn, das sie mit der ungezähmten tierischen Kraft verbindet, die ihr vom Ursprung an gegeben ist. Im Rheinland fand man zwei Hirschgeweihmasken aus dem Mesolithikum, die in Zeremonien von Schamaninnen oder Schamanen getragen wurden. Diese großen Geweihe sind am hinteren Teil der Kalotte durchlocht, so dass sie mit Lederriemen am Kopf der Schamanin befestigt werden konnten. Lohra erinnert an die minoische *Potnia theron*, was altgriechisch *Herrin der Tiere* bedeutet. Im eigentlichen Wortsinn bedeutet *Potnia* jedoch wiederum *Muttergöttin*.

Kuhmütter

Die Göttin erscheint in zahlreichen Kulturen als Kuh. Die Kuh ist *das* Tier der Frauen. Die griechische Hera hat trägt den Beinamen *die Kuhäugige*, was die Schönheit ihrer großen, dunklen Augen betont. In Ägypten wurde die Göttin der Liebe, Sinnlichkeit und Weiblichkeit, Hathor, von einer Kuh verkörpert. Insbesondere jedoch ist die Kuh das Tier der Muttergöttin. In der nordgermanischen Mythologie erscheint zu Beginn der Schöpfung die Kuh *Audhumbla*, die milchreiche, hornlose Kuh. Audhumblas Milch ist »Wachstum, Sättigung, Stärkung, Gesundheit aber auch Schönheit, sogar Verjüngung; letztendlich auch Heilung und Wandlung«.[95] Milch ist die erste Nahrung, die alle Säugetiere, und damit auch jedes menschliche Baby, zu sich nehmen. Ohne Milch kein Leben. Sie ist Ausdruck der Fürsorge und der Liebe der Muttergöttin für uns alle. Milch, Kühe und alle gehörnten Tiere sind der Muttergöttin heilig. Später wurden Hathors Kuhhörner auf Isis in ihrer Gestalt als Muttergöttin übertragen. Diese Göttin, Isis als Mutter, wurde später im gesamten Römischen Reich verbreitet und verehrt. In Deutschland besaß sie Heiligtümer unter anderem in Maria Saal, Mainz und Köln. Die Ikonographie dieser *Isis lactans*, der stillenden, kuhgehörnten Muttergöttin, die das auf ihrem Schoß sitzende Horuskind säugt, wurde von den Christen beinahe unverändert für ihre Darstellungen Marias, der Mutter Gottes, übernommen.

Geburt und Mutterschaft/Elternschaft

Der heilige Gral, der Becher der Liebenden, der Kelch der Muttergöttin und der Kessel der Greisin sind Symbole für die Gebärmutter der Göttin und aller Frauen: der heilige Ursprung, aus dem das Leben kommt. Eine Geburt ohne unnötige medizinische Störungen, die sich nach den Wünschen der Mutter richtet, so dass sie in Würde und in ihrer Kraft gebären kann, ist ein kraftvolles Erlebnis. Caiva ist bei uns, wenn wir sie unter der Geburt anrufen.

Wir sind weit abgekommen von dem alten, vor-indoeuropäischen Verständnis der Kraft der Mutter und der Heiligkeit des Wunders, Leben zu erschaffen und zu gebären. Unsere Gesellschaft ist heute weit davon entfernt, Mütter zu würdigen, ihnen zu danken und sie zu unterstützen. Stattdessen ist das Gegenteil der Fall. Frauen erleben oft, dass sie unter der Geburt entmündigt wurden und Entscheidungen nicht im Interesse einer guten Erfahrung der Mütter und Babys, sondern im Interesse des Krankenhauses getroffen werden. Es herrscht eine nicht der Realität angemessene Überbetonung von Geburtsschmerzen, die die Frauen verunsichert. Viel zu oft wird zu unnötiger PDA gegriffen oder ein geplanter Kaiserschnitt durchgeführt. Solche Geburten wirken sich auf das Hormonwechselspiel unter der Geburt aus und stören den natürlichen Ablauf, der Millionen Jahre lang evolutionär perfektioniert wurde. Im besten Fall bringen sie nur die Mutter um das kraftvolle Erlebnis, ihr Kind in Eigenmacht und Kraft zur Welt gebracht zu haben. Im schlimmsten Fall führen sie zu traumatischen Geburtserlebnissen für Mutter und Kind, Wochenbettdepressionen und Bindungsstörungen, die sich jahrelang und sogar lebenslang auswirken.

Sind die Kinder dann da, werden junge Familien oft allein gelassen, und kaum eine Familie schafft es, nur mit der Hilfe des

Staates ohne das eigene familiäre Netzwerk Familie und Beruf zu vereinbaren. Dies hat zur Konsequenz, dass immer noch in erster Linie die Mütter zuhause bleiben, was Verdienstausfall und weniger Rente zur Folge hat. Auch werden die Kinder aus Angst vor dem aus der beruflichen Laufbahn viel zu früh in Betreuung gegeben und geradezu wegorganisiert. Auch dies hat erhebliche Konsequenzen für die Bindung innerhalb der Familie und das Seelenleben von Kindern und Eltern.

Grundsätzlich ist es eine großartige Sache, zuhause bleiben und die Kinder selbst erziehen zu können, zumindest in den ersten Jahren. Irgendwann kommt ganz natürlich der Zeitpunkt, zu dem der Abnabelungsprozess beginnt und es für Kinder und Eltern gut ist, wenn die Kinder andere Bezugspersonen haben und Dinge ohne ihre Eltern erleben. Doch ist es in der Realität unserer Gesellschaft derzeit so, dass Eltern nicht wirklich eine Wahl haben. Nicht nur fehlt oft das Geld, wenn einer der Partner zuhause bleibt, sondern vor allem gilt man in unserer Gesellschaft nach wie vor als erfolglos, wenn man »nur« Hausfrau und Mutter oder eben Hausmann und Vater ist. Erst dann können Eltern tatsächlich eine Wahl treffen, die dem größten Wohl von Eltern und Kindern dient, wenn Müttern und Vätern über das reduzierte Gehalt des Elterngeldes hinaus ein einem ernstzunehmenden Arbeitslohn vergleichbares Gehalt gezahlt wird, so dass nicht Ausfälle und soziales Stigma die Folge sind, wenn man sich für die Vollzeitelternschaft entscheidet. Die Vision der MotherWorld aus England setzt sich dafür ein, die Werte von Mutterschaft – wie Liebe, Fürsorge und Unterstützung für einander, für Mutter Erde, alle ihre Geschöpfe und ihre Natur – in den Mittelpunkt unseres Lebens zu stellen, anstatt sie, wie es in unseren westlichen Gesellschaften der Fall ist, an den Rand zu drängen.[96]

Die lebendige Muttergöttin

Wie in der Maienzeit treten auch im Hochsommer überall junge Frauen in Erscheinung, die wie in vorchristlicher Zeit die Priesterinnen die Göttin, nun in ihrer Form als Muttergöttin, verkörpern: Es werden im Hochsommer und im frühen Herbst Erntefeste gefeiert, bei denen Heidenköniginnen, Erntekoniginnen, Apfel-, Wein-, Weizenköniginnen und, und, und... gekrönt werden. Leider weiß auf diesen Festen so gut wie niemand mehr um die Ursprünge dieser Riten: die Erscheinung der Göttin als Muttergöttin, als Sommergöttin und Erntegöttin, die unter die Menschen kommt, die Felder segnet und die Ernte schenkt. Doch wenn diese jungen Frauen es auch nicht bewusst tun, so machen sie doch die Muttergöttin des Landes sichtbar.

In Avalon wird die Muttergöttin als *Ker* verehrt. Dieser Name ist sprachwissenschaftlich die vor-indoeuropäische Wurzel für Horn oder Geweih. Der Zusammenhang Muttergöttin – gehörnte Tiere – Füllhorn ist deutlich. Ich finde es interessant, dass *ker* im Bretonischen »Haus« bedeutet. Die Mutter ist es, die einen Ort zum Heim macht.

Neben den kunstvollen Kornflechtereien hat sich die Verehrung der großen Mutter in der katholischen Kirche außerdem in den Kräuterweihsträußen erhalten, die Mitte August gebunden werden und deren Ursprünge im germanischen Göttinnenkult liegen. Je nach Region gehören traditionell unterschiedlich viele Kräuter in den Strauß. Ich persönlich mag die Variante mit neun Kräutern, dreimal drei, für die dreifache Göttin. Im Zentrum des Straußes befindet sich immer eine große Königskerze, die der Göttin heilig ist und die auch Marienkerze oder Frauenkerze heißt. Die der Göttin geweihten Kräutersträuße werden aufgehoben, getrocknet und bei Gewitter als Schutzzauber verbrannt.

Die Muttergöttin verehren

Zum Fest der Muttergöttin praktiziere Dankbarkeit für die Fülle in deinem Leben. Lade deine Freunde und Familie zum Erntedankessen ein. Danke deiner Mutter dafür, dass sie dir das Leben geschenkt hat, und würdige dich selbst, wenn du Leben geboren hast!

Werde aktiv darin, die Vision der MotherWorld zu verwirklichen und beginne, die Mütter in deinem Bekanntenkreis aktiv zu würdigen. Biete jungen Eltern Hilfe bei der Kinderbetreuung an, sei es dass du der Familie im Wochenbett einen Gemüseauflauf bringst, einen Abend für die arg reduzierte Paarzeit auf die Kinder aufpasst oder bei Krankheit ein paar Stunden auf die Kinder aufpasst, damit die Eltern mal schlafen können.

Stelle für Sif eine Kornpuppe her. Backe Brot. Lerne spinnen oder weben. Suche Lohra im Wald und besuche ihre Tiere im Wildpark.

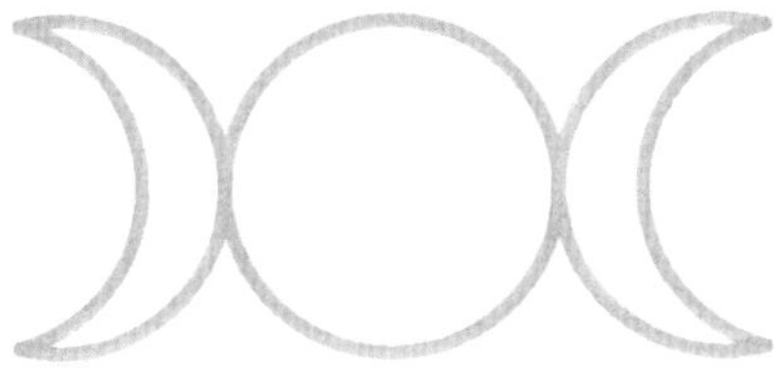

DIE MUTTER DER ERDE

Die Mutter der Erde im Westen ist *Gefion*, die Alles-Gebende. Sie ist *Erda*, die uns die Erkenntnis des richtigen Zeitpunkts, die Erdung und das Verwurzeltsein schenkt. Sie ist *Nerthus*, die Göttin der Moore und Sümpfe, deren heiliges Gesetz ein friedliches Miteinander ist, die uns Gefährten und Nahrung schenkt und die uns auffängt, wenn wir stolpern. Sie ist *Mokosch*, die feuchte, sinnliche, fruchtbare Erde und *Tamfana*, die Göttin der Ernte. Ihre Gaben sind Wachstum und Manifestation.

Die Mutter der Erde ist die Göttin dieses göttlichen Planeten, auf dem wir leben. Braun-, Orange- und Beerentöne sind ihre Farben, der Herbst ist ihre Jahreszeit und die Tagundnachtgleiche ihr Festtag. Die Buche ist ihr heiliger Baum, ihre Himmelsrichtung ist der Westen. Alle Geschöpfe, die in ihrer Erde wohnen, sind ihre, etwa Fuchs und Dachs und der Igel, der sich jetzt seine Fettschicht anfrisst, bevor er sich im Laub ihrer Herbstbäume sein Quartier zum Winterschlaf einrichtet. Auch alle Würmer und Insekten, die den Erdboden durchgraben, sind Erda heilig, denn erst sie machen durch ihre Bewegungen und ihre Verdauung den Boden fruchtbar. Ihre mythologischen Geschöpfe sind die Gnome, Trolle, Erddrachen, Kobolde, Wichtel und alle anderen Erdgeister.

Pflanzen und Bäume strecken ihre Wurzeln tief in Erdas Körper hinein, finden Halt und Nahrung in ihr. Der frühe Abend ist ihre Tageszeit. Kristalle sind die Talismane der Erde, die tief in ihrem Leib Jahrtausende lang im Verborgenen wachsen, und erst dann ans Tageslicht kommen, wenn sie bestimmt, dass der richtige Zeitpunkt gekommen ist. Wir ernten ihre Früchte erst, wenn sie im Herbst reif sind. Erda lehrt uns, den richtigen Zeitpunkt für alles abzuwarten und dass es nicht nötig ist, ungeduldig oder unzufrieden zu sein.

Erda ist immer bei uns und um uns, im Land, im Wetter, selbst in unserem Körper. Erde ist das dichteste der vier Elemente, und unsere Seelen manifestieren sich nur vorübergehend in einem Körper hier auf der Erde, der nach unserem Tod wieder ein Teil von ihr wird, so wie unsere Seelen immer Teil der Göttin sind. Erdas Angesicht wandelt sich in den Jahreszeiten. Besonders verehren wir sie im Herbst, denn zwischen der Herbsttagundnacht-

Altar für die Mutter der Erde mit Kristallen, Steinen, Früchten der Erde: Kastanien und Tannenzapfen, Pilzen, Bildern und Figurinen in den Farben der Erde und des Herbstes

gleiche und Samhain wird dieses Wesen des Sichwandelns der Göttin besonders deutlich: oft folgen auf die Tagundnachtgleiche noch einige wunderschöne warme Tage im Altweibersommer, in denen es sommerlich heiß werden kann und Herbstblumen in leuchtenden Farben blühen. Das Gemüse, das noch nicht geerntet wurde, bekommt noch eine Extraportion Sonne und reift zu besonderem Geschmack.

Der Name dieser Zeit der Fülle und des reichen Segens kommt von den Spinnfäden, auf denen junge Baldachinspinnen im Herbst durch die Luft gleiten. Das althochdeutsche Verb *weiben* bezeichnet das Verknüpfen der Spinnfäden. Dies sind die Fäden der großen Göttin, die an ihrem Webstuhl das göttliche Gespinst des Lebens webt. Darauf weisen die zahlreichen regionalen christlichen Bezeichnungen wie *Marienfäden*, *Mariengarn*, *Marienseide*, *Unserer Lieben Frauen Gespinst* oder *Mutter Gottes Gespinst* hin. Wenn man die Etymologie mit den Spinnfäden nicht kennt oder beiseitelässt, klingt im schönen Namen *Altweibersommer* natürlich auch schon an, dass im Wandel die Göttin zur Herbstfrau wird. Das goldene Haar der Sommergöttin ist geschnitten und unwiederbringlich dahin. Die Bezeichnung *Marienhaar* für die davonfliegenden Spinnfäden deutet auf diese Wandlung hin.

Starker Regen, Gewitter und Herbststürme zeigen uns, dass das Jahresrad sich dreht und die Göttin zur Herbstfrau wird. Jetzt die beginnen die Blätter der Laubbäume, sich zu verfärben, Zugvögel sammeln sich und beginnen vor sturmgrauen Wolkenhimmeln ihren Zug nach Süden. Kastanien und Eicheln fallen von den Zweigen und schlagen krachend auf den Asphalt. Der Herbstwind fährt uns kalt in die Knochen, aber wir ziehen uns wärmer an und lassen Drachen steigen. Wie die Bäume tief verwurzelt sind, so sind auch wir als Erdenkinder tief verwurzelt in unserer Liebe zu Erda und in Erdas Liebe zu uns. Was auch immer in unseren Leben geschieht, in jedem Durcheinander und allen Schwierigkeiten können wir uns jederzeit in der Energie der Liebe der Göttin erden.

Gefion

Gefion ist der nordische Name der Erdgöttin. Er bedeutet *die Alles-Gebende, die Freigebige.* In der jüngeren Edda wird berichtet,[97] wie die Asen auf der Suche nach einer neuen Heimat nach Schweden kamen. Gerade als König Gylfi verzweifelt musikalische Untermalung zu einem Festessen benötigt, erscheint Gefion in all ihrem Glanz und erfüllt die Schmausenden durch ihre Musik mit Freude. Zum Dank verspricht ihr der König so viel Land, wie vier Ochsen an einem Tag umpflügen können. Daraufhin umpflügt Gefion mit ihren vier Riesensöhnen (in Ochsengestalt) eine riesige Fläche. Diese wurde später zur dänischen Insel Seeland. In Kopenhagen und in Eckernförde in Schleswig-Holstein befindet sich heute je ein Brunnen, auf dem diese Mythe dargestellt ist.

In der Älteren Edda wirft Loki Gefion vor, dass sie, um eine Halskette zu bekommen, mit einem jungen Mann geschlafen habe. Daraufhin fragt Odin Loki, ob er denn bei Sinnen sei, Gefion zu verärgern, die vom Schicksal genauso viel wisse, wie er selbst.[98] Obwohl sie also offensichtlich Männern ihre Gunst schenkt (schließlich ist sie *die Freigebige*) und Kinder gebiert, gilt Gefion interessanterweise als Jungfrau. Dies erscheint zunächst einmal unlogisch, ist jedoch kein Widerspruch, wenn wir das Wort Jungfrau, wie fast immer im Göttinnenzusammenhang, wieder im alten Wortsinn verstehen: Es bedeutet nicht, dass Gefion unberührt ist, sondern dass sie ungebunden, das heißt an keinen Mann gebunden, ist.[99]

Außerdem ist an dieser Episode interessant, dass Gefion ebenso viel wie Odin von der Welt weiß – ohne jedoch, wie er, zwei Raben zu benötigen, die für sie die Welt erkunden. Sie ist die Welt selbst.

Als Erdgöttin, die die Knochen der Verstorbenen in sich birgt, hält und beschützt Gefion die Seelen derjenigen Menschen, die nie geheiratet haben.[100]

Gefion ist mit Sicherheit eine der alten Erscheinungsformen der Großen Göttin, die sämtliche Aspekte umfasst. Die Geschichte mit König Gylfi weist sie als Pfluggöttin, als Erdgöttin aus und auf dem deutschen Göttinnenrad ist sie die Erde in allen Jahreszeiten: Sie ist die Mädchenerde im Frühling; durch die Musik und ihre Halskette ist sie als Liebende Göttin zu Beltane ausgewiesen;[101] sie ist die Leben schenkende und nährende Mutter Erde; und sie ist die Greisin, die grenzenloses Wissen und Zugang zur jenseitigen Welt hat.

Gefion spricht all unsere Sinne an. Sie ist es, die uns auf der Erde eine Heimat schenkt. Sie kann überall dort verehrt werden, wo wir uns zuhause fühlen und wo wir ihre Musik hören. Sie ist die Melodie der Erde selbst.

Nerthus/Hertha

Fülle und Frieden der Erdmutter

In Nord- und Nordostdeutschland heißt die Göttin der Erde Nerthus. Der Name bedeutet *Stärke, Lebenskraft* und wurde später zu *Hertha,* besonders auf Rügen und in Berlin. Besonders heilig sind ihr Moore und Sümpfe. Nach Tacitus'[102] Bericht war Nerthus keine kleine, lokal begrenzte Göttin, sondern wurde stammesübergreifend als Erdmutter, *terra mater*, verehrt. Er berichtet uns von der Umfahrt der Nerthus: Die germanischen Stämme, die im ersten Jahrhundert nach der Zeitenwende in der Eisenzeit in Nord- und Ostdeutschland lebten, verehrten die Erdgöttin, indem sie jährlich auf einem von Kühen[103] gezogenen Wagen ein Bildnis der Nerthus über die Felder zogen. Dieser Wagen befand sich, von einem Schleier verhüllt, in einem heiligen Hain auf einer Insel im Ozean, vermutlich in der Ostsee.

Während dieser Reise feierten die Menschen, und es herrschte Frieden. Die Türen standen offen, damit der Segen der vorbeifahrenden Göttin in die Häuser gelangen konnte, und niemand trug Waffen. Es ist vorstellbar, dass die Umfahrt der Göttin von den Menschen mit Gesängen und Blumenschmuck begleitet wurde. Auf diese Weise konnten sie an der segenspendenden Erscheinung der Erdgöttin teilhaben. Tacitus nennt keine Zeitangabe. Manchmal wird dieses Fest als Frühlingsritus interpretiert, bei dem die Göttin das Land fruchtbar machen soll, meist jedoch als Erntefest im Herbst, bei dem der Göttin für ihre Gaben gedankt wird. Nach der Rückkehr auf ihre Insel werden der Wagen, die Schleier und die Göttin selbst in einem geheimen Teich gewaschen. Dies wird, nach Tacitus, von Sklaven getan, die danach im See ertränkt werden.

Patriarchale Historiker und Archäologen deuten diese Textstelle als Beleg für grausame Rituale und Menschenopfer. Es ist möglich, dass Tacitus recht hat. Die germanischen Stämme waren in der Eisenzeit keine ideale, friedliche Kultur. Es ist jedoch auch vorstellbar, dass diese Menschen freiwillig in den Tod gingen. Dies würde im zyklischen Göttinnenweltbild durchaus Sinn ergeben haben. Vielleicht handelte es sich nicht um Sklaven, sondern um Priester, die ihr Leben freiwillig gaben und deren Körper dem Schutz von Mutter Erde übergeben wurden, möglicherweise damit der Fortbestand der Menschen gewährt werden möge, so wie Stauden im Herbst sterben und im Frühling neu aus der Erde erwachsen. Möglich ist aber auch, dass dieser Abschnitt von Tacitus gänzlich erfunden wurde. Tacitus selbst war nie im Freien Germanien, schrieb aber für den römischen Staat mit einer bestimmten Absicht.[104] Eine vierte Möglichkeit wäre, dass Tacitus falsch verstand, wovon man ihm berichtete. Es könnten sich an die Prozession Initiationsriten angeschlossen haben, die mit Eintauchen, und in dem Zusammenhang mit Sterben und Wiedergeburt, zu tun hatten.[105]

Im 19. Jahrhundert identifizierte man die Insel Rügen mit der bei Tacitus erwähnten Insel im Ozean. Dort tragen heute zahlreiche Landmarken Namen, die auf Nerthus/Hertha verweisen, wie zum Beispiel der Herthasee, die Herthabuche oder die Herthaburg. Zahlreiche Herthalegenden sind ebenfalls mit dem Land verwoben. So heißt es, dass die Göttin noch heute in mondhellen Nächten im See badet oder aber des Nachts mit ihren Priesterinnen mit weißen Schleiern, Nebelschwaden gleich, am See tanzt. Nur Frauen können diesen Tanz beobachten, Männer, die

die Göttin sehen, verfallen in einen Rausch und laufen geradewegs ins Wasser, wo sie ertrinken, wenn sie nicht schwimmen können.[106] Eine weitere Sage ist, dass das Wasser des Herthasees Heilkräfte besitzt und dass, wer den See einhundertmal umschreitet, einhundert Jahre alt wird.

Es gibt in der patriarchalen Forschung ein trauriges Bestreben, Nerthus ihre Weiblichkeit abzusprechen. Selbst im Wikipedia-Artikel zu Nerthus steht 2018 noch, dass es sich um eine »offensichtlich … geschlechtslose Gottheit« handele. Im selben Wikipedia-Artikel wird der Originaltext aus der Germania zitiert, in dem Tacitus wörtlich schreibt: *Is adesse penetrali* ***deam*** *intellegit vectamque bubus feminis multa cum veneratione prosequitur*, mit der Übersetzung: *Dieser weiß genau, wenn die* ***Göttin*** *im Heiligthum gegenwärtig ist, und begleitet sie, von weiblichen Rindern gezogen, mit tiefer Verehrung.*

Die Behauptung, Tacitus hätte nicht von einer Göttin gesprochen, ist also vollkommen aus der Luft gegriffen. Außerdem spricht er deutlich davon, dass Nerthus für die Stämme, die er aufzählt, die Erd**mutter** war. Wie man von diesem Text aus auf eine geschlechtslose Gottheit kommt, ist mir schlichtweg schleierhaft.

Nerthus oder Hertha ist die Mutter Erde, die uralte Erdmutter, die all ihre Kinder mit Fülle, Schönheit und Frieden beschenkt. Wir verehren sie in Mooren und auf Inseln in Seen.

Mokosch

Die Sinnlichkeit der Erde

Mokosch ist der slawische Name der Göttin der dunklen, feuchten Erde, die alles Leben hervorbringt. Höhlen im Felsgestein sind ihre Gebärmutter und daher ihre natürlichen Tempel. Berge und Täler sind ihre kurvigen Schenkel, ihre Brüste und ihr Bauch, Felsspalten und Schluchten sind ihre Yoni. Flüsse und Bäche sind ihre Adern und das Lebensblut, das aus ihrer Yoni strömt. Wiesen, Felder und Pflanzen bilden ihr Gesicht und ihr Haar ab.

Es ist möglich, dass Mokosch der slawische Name der ursprünglichen Großen Göttin war. Wie Holle, Frigg und Freya wird Mokosch mit der Spindel verbunden und wie diese heiligt und beschützt sie die Frauen. Trotz der Christianisierung wurde Mokosch bis ins 16. Jahrhundert hinein von ihnen verehrt.[107] Ihr Name bedeutet *Feuchte Mutter Erde* und Mokoschs Begleiterinnen sind Rusalkas und Vilen, wunderschöne weibliche Wassernymphen. Sie ist die lebendige, sinnliche, fruchtbare Erde. Sie segnet das Leben auf der Erde und die weibliche Sexualität.

Tamfana

Göttin der Ernte und der Manifestation

Das Korn ist gemäht, die Sommergöttin hat ihr goldenes Haar verloren und wandelt sich zur Herbstgöttin. Die Herbsttagundnachtgleiche, das zweite Schnitterinfest, liegt mitten in der Erntezeit. Wieder wissen wir durch Tacitus, dass die Göttin der Ernte bei dem germanischen Stamm der Marser Tamfana hieß. Tacitus berichtet von einem großen nächtlichen Fest zur Herbsttagundnachtgleiche in ihrem Heiligtum. Der Name Tamfana hat mit Fülle zu tun, und sie gilt als *Herrin der Zeit.*

Tamfana hatte im Lippegebiet im ersten Jahrhundert nach der Zeitenwende mehrere Tempel und Heiligtümer, zum Beispiel in heiligen Hainen. Als Göttin der Zeit markiert sie die Herbsttagundnachtgleiche, heute den kalendarischen Herbstanfang. Nach der Herbsttagundnachtgleiche sind die Nächte länger als die Tage. Damit markiert Tamfana den Beginn des Winterhalbjahrs, der dunklen Zeit.

Selbst heutzutage, wo wir den größten Teil unserer Nahrung einkaufen und nicht mehr selbst anbauen, müssen wir die Verbindung zur nahrungsspendenden Erdmutter nicht als verloren ansehen. In unseren Gärten reifen Kürbisse und Zucchini, an den Bäumen leuchten Pflaumen, Äpfel und Birnen. Als ich klein war, gab es in meiner norddeutschen Heimat in der Umgebung

Zu Tamfanas Zeit der Ernte zeigt sich die Erde in leuchtenden Farben.

noch mehrere Zuckerfabriken, und im Herbst lagen die Zuckerrüben in großen Haufen am Straßenrand, bevor sie in der Fabrik verarbeitet wurden. Dieser dabei entstehende herbe Geruch, den man eigentlich nicht schön finden kann und der einem beinahe das Atmen unmöglich macht, lag dann für einige Wochen in der Luft. Für mich gehört er unweigerlich zur Erntezeit, und ich liebe ihn. Wie unsere Vorfahren ernten wir Tamfanas Gaben und bereiten uns auf den Winter vor, kochen Marmeladen aus den Früchten und Beeren, die sie uns schenkt, legen Gemüse ein, setzen Liköre an und trocknen Kräuter für Tees. Selbst als ich nach Nordrhein-Westfalen ging, in die Stadt zog und weder einen Garten noch einen Balkon hatte, habe ich am Rhein Holunderbeeren und Brombeeren gesammelt und Gelee und Liköre hergestellt. Tamfana schenkt uns ihre Gaben in solcher Fülle, sie sind überall zu finden.

Tamfana schenkt uns die Gabe der Manifestation. Wie den Früchten der Natur, gibt sie auch uns und unseren Träumen, die am Beginn eines jeden unseres Projektes stehen, den Segen des Wachstums und der Gestaltwerdung: Unsere Ideen, die zu

Imbolc aufgelaufen sind, die wir mit feuriger Energie und unserer Liebe genährt und zur Sommersonnenwende mit unseren Emotionen gedüngt haben, sind zur Fülle-Zeit gereift und werden nun geerntet. Tamfana gibt unseren Ideen die stoffliche Gestalt. Dann dreht sich das Rad weiter. In der dunklen Zeit der Greisin wendet sich unsere Energie wieder nach innen, und in der Traumzeit der Mutter der Luft empfangen wir eine neue Vision.

Die Herbsttagundnachtgleiche ist eine gute Zeit, in den verschiedenen Bereichen unseres Lebens Bilanz zu ziehen. Was habe ich in diesem Jahr erreicht? Welche Erlebnisse haben mich geformt und mich emotional wachsen lassen? Welche Ziele habe ich noch nicht erreicht? Welche Aspekte von mir habe ich genährt, welche nicht? Die Tagundnachtgleiche fällt jedes Jahr auf den 22. oder 23. September. Tag und Nacht sind genau gleich lang, Licht und Dunkelheit befinden sich im Gleichgewicht, danach sind die Nächte, wie bereits erwähnt, länger als die Tage. Zu dieser Zeit danken wir der Erdmutter für die Ernte, die wir einbringen, und arbeiten mit ihren Energien der Balance, um zu sehen, welche Aspekte von uns selbst zu kurz kommen und zu unserem eigenen Wohl mehr genährt werden müssen.

Tempel der Erde

Erda ist die große, zeitlose Göttin, die die Vergangenheit mit der Zukunft verbindet. Sie hält in ihrem Schoß die Knochen unserer Vorfahren, teilweise seit Jahrtausenden, vom Beginn unserer Menschwerdung an. In ihren Mooren bewahrt sie die Zeugnisse der Verehrung auf, die unsere Vorfahren ihr entgegenbrachten: zahlreiche Göttinnen (hölzerne Idole, von denen die große Mehrzahl weibliche physiognomische Merkmale aufweist), Kultgegenstände, häufig Gefäße, Überreste von Opferplätzen, Altären und Tempeln sowie von Menschen und Tieren. Solche Fundstellen gibt es in Deutschland in großer Zahl.

Besonders berührt mich, dass in Nerthus' Mooren zum Teil Figuren der Mutter der Erde selbst bewahrt wurden. In Niedersachsen wurden im Wittemoor, Landkkreis Hude, hölzerne Figuren aus dem 3. Jahrhundert v.u.Z. gefunden. Aufgrund ihrer Form wird die eine als männlich, die andere als weiblich gedeutet. Die weibliche Figur (Göttinnenfigur?) wurde sorgfältig auf einem 40cm hohen Bult aufgestellt und war von einem Kranz heller Steine und sorgfältig gearbeiteter Orakelstäbe umgeben.[108] Das Wittemoor ist gemeinsam mit einem benachbarten Moor, das bezeichnenderweise *Holler Moor* heißt, ein Naturschutzgebiet.

Im Aukamper Moor bei Braak, Kreis Ostholstein, hat sich ein weiteres eisenzeitliches Götterpaar erhalten. Diese Figuren wurden aus Astgabeln gefertigt und waren weit über 2m groß. Im Gegensatz zu den abstrakten Formen der Figuren aus dem Wittemoor hat man hier die Gesichtszüge sorgfältig herausgearbeitet. Die der Göttin sind berührend freundlich und fröhlich. Ein weiterer sehr spannender Fund ist die Wand eines bronzezeitlichen Hauses, deren Reste sich im Bodensee erhalten haben. Die Wand wurde rekonstruiert, und nun zeigt sich, dass sie vor in der ersten Hälfte des vierten Jahrtausends v.u.Z. Teil eines Tempels war: Auf der Wand wurden sieben Göttinnen oder vergöttlichte Ahnfrauen abgebildet. Ihre Brüste sind plastisch geformt und die Köpfe von Strahlenkränzen umgeben.[109]

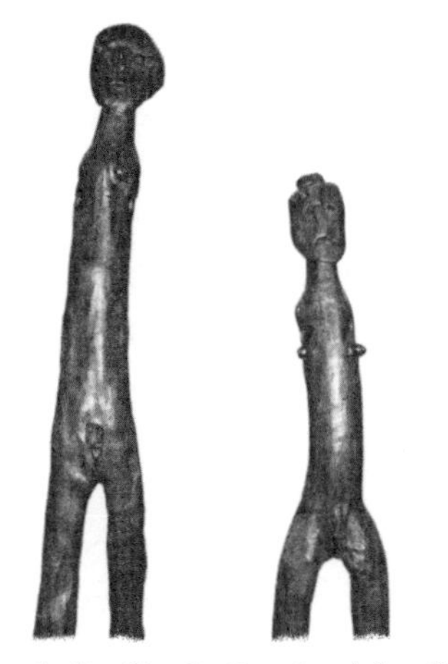

Als ob die Große Göttin sich selbst wiedergebiert: In den Mooren, den heiligen Orten der Mutter der Erde, haben sich vielerorts hölzerne Göttinnenbilder der Vorzeit erhalten. Hier ein Paar aus Braak, Schleswig-Holstein. Die linke Figur wird als Gott, die rechte als Göttin interpretiert.

Rekonstruiertes Heiligtum in Niederdorla, Thüringen

Das bereits erwähnte Opfermoor in Niederdorla in Thüringen ist heute ein Freilichtmuseum am geographischen Mittelpunkt von Deutschland, bei dem diese Funde und Befunde rekonstruiert wurden und für uns Menschen heute erfahrbar gemacht worden sind. Hier wurden von 600 vor der Zeitenwende bis ins 11. Jahrhundert hinein über einen Zeitraum von 1700 Jahren hinweg Göttinnen und auch Götter verehrt. Die topographische Kombination in diesem Heiligtum von Moor, See, mindestens zwei Quellen und heiligem Hain legt nahe, dass auch die Erdmutter hier verehrt wurde.

Kultplätze wie Niederdorla waren bedeutende, überregionale Zentren der Göttinnenverehrung. Nerthus, Mutter Erde selbst, hat ihre Überreste in ihren Mooren bewahrt, um uns heute zu helfen, ihr ihren angestammten Platz in unserer Kulturgeschichte und unserer heutigen Gesellschaft zurückzugeben. Im Freilichtmuseum sind zahlreiche Tempel und Göttinnenbilder wieder aufgebaut, andere liegen heute noch unter dem Wasser. Schwäne ziehen still über den See. Besonders außerhalb der Saison stehen die Chancen gut, ein wenig Einsamkeit und Ruhe zu finden. Niederdorla ist ein guter Ort um sich mit Hertha/Nerthus zu zu verbinden, Kraft aus unserer Beziehung zu Erda zu ziehen und Blumen und Münzen als Opfergaben darzubringen.[110]

Auch in ihren Höhlen, ihren uralten Tempeln, finden wir Abbilder der Mutter der Erde. Vulven sind an Höhlenwände gemalt oder geritzt: ihre lebenschenkende Yoni. Kleine Figurinen[111] zeigen ihre breiten fruchtbaren Hüften und vollen, nährenden

Brüste. Diese Figuren wurden von Frankreich bis Russland gefunden. Sie sind etwa so groß, dass man sie bequem in einer Hand halten kann und stammen aus der Eiszeit und den Jahrtausenden davor. Sie sind in ihrer Darstellung sehr vielfältig und zeigen die Göttin in all ihren Erscheinungsformen. Manche sind schlank und wirken wie junge Mädchen, manche sind rund und füllig, andere stellen mit ihren schweren, hängenden Brüsten die Greisin dar. Auffällig ist, dass es darum ging, den *Körper* der Erdmutter abzubilden. Bei den allermeisten Figurinen wurden keine Gesichtszüge, oder nicht einmal Köpfe, ausgestaltet. Die älteste derzeit bekannte Figur ist die Frau von Hohle Fels in der Schwäbischen Alp, die vor 35.000 – 40.000 Jahren hergestellt wurde.

Steinkreis auf einem Grabhügel beim Thorsberger Moor, Schleswig Holstein, in dem seit der Stein- und Bronzezeit, vor allem aber vom 5. bis 1. Jh. v. d. Z., zahlreiche Gegenstände geopfert wurden

Auf dem Land finden wir weitere Tempel der Erdgöttin: aus Erdwällen und Gräben geformte Kreisgrabenanlagen oder stehende Steine, von unseren Vorfahren im Neolithikum und der Bronzezeit zu Kreisen, Reihen und anderen Formationen aufgestellt. Aus der Erde selbst wurden in Mitteleuropa im Neolithikum Kreisgrabenanlagen geformt. Sie bestehen oft aus mehreren konzentrischen Wällen und sind im Durchmesser sehr unterschiedlich, nämlich 40 bis 330 Meter. Die Ringe weisen eine oder mehrere Unterbrechungen auf, die oft auf besondere astronomische Ereignisse ausgerichtet sind. Die vollständig rekonstruierte Anlage von Goseck, Burgenlandkreis in Sachsen-Anhalt, wurde bereits beschrieben.[112]

In diesen Tempeln wurde vor 5000 bis 7000 Jahren die Göttin verehrt. Sie wurden aus der Erde selbst errichtet und sind kreisrund, im Gegensatz zu patriarchalen eckigen Tempeln.

Viele stehende Steine waren einst Einfassungen von Grabhügeln, wie die Hünengräber bei uns in Deutschland in der Lüneburger Heide und der Altmark, deren Erdhügel längst verweht und wo die Knochen und Grabbeigaben verschwunden sind. Zu den schönsten gehören hier meiner persönlichen Meinung nach die Gräber von Lüdelsen, Stöckheim und Wötz im Atmarkkreis, Sachsen-Anhalt, und die sieben Steinhäuser in der Lüneburger Heide. Bei anderen Steinsetzungen, insbesondere Steinreihen, die beinahe überall in Europa vorkommen, können wir bis heute keine plausible Antwort auf die Frage geben, warum unsere Vorfahren sie errichtet haben.

Diese Kultplätze aus Erde und Stein – Materialien, die Erda uns selbst zur Verfügung stellt, die Teil ihres Körpers sind – sind nicht willkürlich irgendwie angelegt worden, sondern ihrer Anordnung liegt ein bestimmter Plan zugrunde. Die Archäologie bemüht sich, diesen Kultplätzen ihre Geheimnisse zu entlocken. Jedes Mal, wenn sich die Ausgrabungstechnik verbessert hat und wenn weitere Untersuchungen finanziert werden können und neue Erkenntnisse über die Umgebung der Anlagen gewonnen werden, muss das alte Bild über den Haufen geworfen und neu interpretiert werden. Erst in den letzten Jahren hat die Forschung begonnen, diese Kultanlagen als Teil des Landes zu begreifen und begonnen, sie nicht mehr isoliert sondern in Zusammenhang mit der sie umgebenden natürlichen und später gestalteten Landschaft zu begreifen.

Traurigerweise fielen in Deutschland viele Großsteingräber nicht nur dem Christentum, sondern auch der Landwirtschaft zum Opfer. Heute sind mehr als 90% aller Megalithanlagen vernichtet. Die, die heute noch existieren, sind starke Kraftplätze, an denen die Verbundenheit unserer Vorfahren mit der Erdgöttin noch stark präsent ist. Hier spüren wir deutlich, dass wir heute

Die Zeitlosigkeit der Mutter der Erde: An Orten wie den Sieben Steinhäusern in der Lüneburger Heide, Niedersachsen, können wir in die Vergangenheit und die Zukunft hineinspüren. Die Steine wurden vor um die 5000 Jahren errichtet und werden noch stehen, wenn unsere Enkelkinder Kinder haben.

ein Teil ihres göttlichen Gesamtplanes sind, ein Faden in ihrem Gewebe, der uns mit unseren Vorfahren und der Vergangenheit verbindet – und auch mit der Zukunft. Seit Jahrtausenden weht unablässig der Wind über diese Steine, die die Zeit überdauert haben und die selbst unsere Kinder überdauern werden. Schweigend haben die Steine beobachtet, wie die Menschen um sie herum gekommen und gegangen sind. Es sind heute Freilichttempel, um Zeremonien für Erda zu feiern, um zur Ruhe zu kommen, sich auf die Erde zu legen und die lebende Göttin unter unserem Körper zu spüren. Im Sommer wärmt die Sonne die Steine, auf denen die Kinder herumklettern, im Winter, wenn eisiger Wind weht, liegen sie wieder ruhig und ungestört.

Die Mutter der Erde verehren

Schmücke zur Herbsttagundnachtgleiche dein Haus, deine Wohnung mit den Gaben der Mutter der Erde. Sammele Kastanien und Eicheln und bunte Blätter. Sei dankbar für Tamfanas Gaben und verbinde dich mit ihr, indem du selbst etwas einlegst oder einkochst. Wenn du noch keinen hast, dann lege einen Garten für das nächste Jahr an – und wenn es nur ein paar Kübel auf dem Balkon sind. Auch darin kann man Kartoffeln und Karotten ziehen. Spüre ihre Kraft in dich fließen, wenn deine Hände in der Erde graben. Besuche ihre Orte: Sümpfe und Moore, Höhlen und tiefe Wälder. Gehe Pilze sammeln. Ziehe Bilanz: Was erntest du? Wie hat sich deine Vision manifestiert? Was hast du erreicht? Sei stolz auf dich!

DIE GÖTTIN IM ZENTRUM

Die Große Göttin in Deutschland, sie, die alles umfasst, ist *Holle.* Holle steht in einer Reihe mit den großen Göttinnen anderer alter Kulturen, die sich durch einen allumfassenden Machtbereich von Leben und Tod, eine enge Verbindung mit der Erde, zyklische Wandelbarkeit und unmittelbare Erfahrbarkeit in der Natur, den Jahreszeiten und dem eigenen Körper auszeichnen. Sie ist Wettermacherin, Kulturbringerin, Fruchtbarkeitsbringerin, Lebensspenderin und Lebensnehmerin, Seelenführerin, Unterweltsgöttin, Rechtsprecherin, Spinnstubenfrau und Schicksalsspinnerin, wandelbar durch die Jahreszeiten, verbunden mit fruchtbarmachendem, lebensschenkendem Wasser, Hüterin des Himmelschlüssels, leuchtend und strahlend, verbunden mit der Erde, ihren Blumen und Früchten, Initiatorin, Lehrende, wohlmeinende Unterweiserin und Anleitende.

Über Holle sind viele fantastische Bücher geschrieben worden, in denen unter anderem tief auf all ihre Aspekte eingegangen, ihre Herkunft beleuchtet oder sie psychologisch interpretiert wird. Ein einziges Kapitel wird ihr in ihrer Größe kaum gerecht, deshalb konzentriere ich mich in diesem Buch auf Holles Platz im Jahresrad der Göttin. Denn neben seinen Speichen braucht ein Rad selbstverständlich auch eine Nabe, um sich zu drehen. Als Große

Holle-Statur von Viktor Donhauser am Frau-Holle-Teich auf dem Hohen Meißner, Hessen

Göttin befindet sich Holle auf dem Rad im Zentrum, ist sie die Nabe. Sie vereinigt auf sich alle Eigenschaften der acht archetypischen Göttinnen und noch viel mehr, und sie ist zugleich etwas ganz Eigenes, ganz individuell sie selbst.

Durch Holles Charaktereigenschaften, die sie mit Großen Göttinnen anderer Kulturen verbindet, zeigt sich, dass Holle eine der ältesten Göttinnen ist, die wir heute noch kennen und deren Ursprünge weit in der Vergangenheit verborgen sind, lange vor dem Erscheinen indoeuropäischer Einflüsse in Mitteleuropa. Irgendwann begann sich aus dieser Uralten Großen die Holle zu formen.

Ihr hohes Alter zeigt sich auch in den Überlieferungen: Hier ist sie eine Riesin[113] und damit älter als die Wanen und Asen. Sie heißt auch Huld, Hulda, Holda und Holla. Ihr Name bedeutet *wohlmeinend, wohlgesonnen*, aber auch *bergend, versteckend.*[114] Er findet sich in zahlreichen Ortsnamen in ganz Deutschland, von konkret Holle, Holl und Hölle über Holldorf, Holleben und ähnlichen. bis hin zu Holstein und Hildesheim,[115] in anderen topographischen Bezeichnungen, wie *Holleloch* oder dem schon genannten *Holler Moor* sowie in vielerlei Familiennamen.[116] Auch über die heutigen Staatsgrenzen hinaus wurde Holle verehrt,[117] die größte Häufung an überlieferten Sagen, Legenden und Geschichten jedoch stammt aus dem gesamten Raum des heutigen Deutschland, weshalb sie auf dem gesamtdeutschen Rad die Göttin im Zentrum ist.[118] Trotz Christianisierung, Hexenverfolgung und Aufklärung hat uns Holle nie wirklich verlassen. Die bekannteste Geschichte von ihr ist sicherlich das Märchen der

Gebrüder Grimm. Diese ist jedoch in der Tat nur eine von sehr vielen Überlieferungen,[119] in denen kostbares Wissen erhalten geblieben ist: Wie die Göttin sich den Menschen zeigte, welche Erfahrungen sie mit ihr machten, wie sie verehrt wurde. Sie erzählen davon, wie das Leben in Einklang mit ihr war. Diese Geschichten klingen in uns wieder, wir erkennen ein Sehnen nach ihr in uns oder erinnern uns an Bekanntes, und lassen uns neu zu einem Leben mit Holle inspirieren.

Holles heilige Bäume

Der Holunder trägt Holle im Namen und ist ihr heiliger Baum. Die Germanen brachten Holle in ihrem Baum Opfergaben dar, und noch heute findet er sich an zahlreichen Bauernhöfen, in der Nähe des Wohnhauses.[120] Er wurde absichtlich dort gepflanzt, damit Holle alle Menschen und Tiere auf dem Hof schützen möge. Ich selbst bin in einem Bauernhaus in Niedersachsen aufgewachsen, wo in der Einfahrt, an der Ecke der Scheune, ein schlanker Holunder wuchs, an dem ich jeden Tag mehrmals vorbeikam. An den Holzschuppen hinterm Haus angelehnt wuchs ein riesiger Holunder. Für ausgebackene Holunderdolden, Holunderblüten- und Holenderbeerengelees wollte meine Mutter, dass wir den hinteren nähmen – wegen der Abgase (Der Holunder an der Scheune stand zu dicht an der Straße). So wurden wir von vorn und hinten von Holle beschützt.

Wenn ich umziehe, ist das erste, was ich tue, schauen, ob es auf dem Grundstück irgendwo einen Holunder gibt. Wenn nicht, muss einer gepflanzt werden. Tatsächlich aber musste ich das erst ein Mal tun, sonst war immer irgendwo bereits ein Holunder da.

Es sind zahlreiche Regeln überliefert, wie man sich dem Holunder – oder Holler – nähern muss. Es war streng verboten, ihn zu fällen oder zu verletzen. Man glaubte, wer einen Holunder beschädigte, werde krank. Wenn man zu Heilzwecken Holz vom Holunder brauchte, kniete man nieder und bat um Erlaubnis

(17. Jahrhundert). Tatsächlich ist Holles Baum mit starker Heilkraft bedacht, und beinahe alle Teile können verwendet werden. Holundertee bei Erkältung ist ein bekanntes Hausmittel. In Tirol zieht man noch heute vorm Holunder den Hut, aus Dankbarkeit für die Heilkraft der Göttin.

Im Frühling können die Blüten des Holunders in zahlreichen Rezepten verwendet werden.

Auch beim Übergang in die Anderswelt war Holle in ihrem heiligen Baum bei den Menschen: das Maßnehmen für den Sarg besorgte man bei den Friesen mit einem Messstab aus Holunderholz, und auch die Peitsche des Sargkutschers war aus Holunder. Man stellte sich vor, dass unter dem Holunder die Verstorbenen lebten, und dort bestatteten die Friesen ihre Toten.[121]

Obwohl Holle dem Holunder ihren Namen gegeben hat, denkt wahrscheinlich jedes Kind eher an den Apfelbaum als Holles Baum, da er in dem Märchen so eine wichtige Rolle spielt.

Die Frucht der Göttin

Im Frühling leuchten hier bei uns in Deutschland Obstgärten und Streuobstwiesen strahlend weiß. Sie erinnern an den Schnee des vergangenen Winters (Holle als Schneemacherin) und wirken gleichzeitig jung und voller Leben mit ihren Abertausend Blüten. So sind Äpfel einerseits Symbol der Erneuerung (vgl. Iduns Äpfel der Unsterblichkeit) und stehen andererseits gleichzeitig für die Sinnlichkeit der Liebenden Göttin. Holle verschenkt ihre Äpfel um Fruchtbarkeit zu spenden, und wer einen ihrer Äpfel isst, bringt neun Monate später ein Kind zur Welt.[122]

Im Grimm-Märchen bezieht sich der Apfelbaum auf Holle in ihrem Herbstaspekt. In ihrer Initiationsreise zu Holle reist die erste Tochter durch den Jahreskreis: die Blumenwiese am Anfang ist der Frühling, die Mädchenzeit. Der Backofen symbolisiert den Sommer: Das reife Korn wird zu Mehl gemahlen, aus dem Brot gebacken wird. Gleichzeitig ist er auch immer Symbol für die Gebärmutter, die warme, dunkle Höhle, in der das Leben entsteht.[123] Das Mädchen reift heran, wird Fruchtmutter und Spinnmutter, die Frau, die Verantwortung tragen kann. Sie hat gelernt, dem Ruf der Dinge zu folgen und dadurch dem Leben zu dienen: *Ach, zieh mich raus, zieh mich raus, sonst verbrenn ich: Ich bin schon längst fertig gebacken,* und: *Ach, schüttel mich, schüttel mich, wir Äpfel sind alle miteinander reif.*

Der Apfelbaum symbolisiert die Ernte im Herbst, die Manifestation der Intention, die Gaben der Herbstgöttin. Im Winter, beim Kissenschütteln und Schneemachen, lernt die junge Frau bei der Göttin selbst: Frau Holle ist Altes Winterweib, Greisin und Initiatorin. Die junge Frau wird eingeweiht in die Geheimnisse des Lebens, das Wissen um den rechten Zeitpunkt für alles und die Bedeutung der Pause (die Winterzeit ist die Zeit des Todes) in der zyklischen Natur des Lebens. Dadurch erlebt sie, dass sie an der Welt der Göttin Teil hat, und so findet sie ihren Platz in der Welt.

Die heiligen Orte Holles

Holles heilige Orte sind alle Quellen, Brunnen und Teiche. Im Märchen springen die Mädchen in einen Brunnen, um in Holles Reich zu gelangen. Hier findet sich wieder das alte, vorchristliche Motiv, das in der keltischen Vorstellungswelt weit verbreitet war: Dass jedes Gewässer einen Zugang zur Welt der Göttin darstellt. Überall finden sich in Deutschland Brunnen und Seen, die als ihr Wohnort gelten.[124] Der berühmteste See ist der Frau-Holle-Teich[125] am Hohen Meißner in Hessen. Das Bächlein, das in den Teich fließt, heißt Godesborn. *Frau Gode* ist, wie wir wissen, ein anderer Name von Frau Holle. Nach Heide Göttner-Abendroth ist das Wort Gode eine altdeutsche Bezeichnung für *Göttin*.[126] Funde von steinzeitlichen Feuersteinwerkzeugen und zwei Goldmünzen aus dem ersten Jahrhundert am Holle-Teich belegen, dass er seit vorgeschichtlichen Zeiten ein heiliger Ort war.

Seit einigen Jahren steht am Frau-Holle-Teich eine moderne, sehr sinnliche und wunderschöne überlebensgroße Figur der Göttin. Wenn man vom Parkplatz kommt, befindet sie sich auf der gegenüberliegenden Seite des Teiches. Diese Plazierung greift

Verehrung der Göttin in ihrer heiligen Landschaft

das Motiv der Andersweltlichkeit wunderbar auf und lässt uns beim Besuch genau dieses Sehnen erleben, einen Blick auf die Göttin zu erhaschen, und den Wunsch, ihr noch näher zu kommen, den Weg zu ihr zu finden… (Keine Sorge: Die Göttin weist niemanden zurück, und so ist es auch möglich, zu ihrer Skulptur zu gelangen, wenn man den Weg um den Teich herum findet.)

Wie schon mehrfach erwähnt, haben wir es bei Holles Gewässern immer mit dem Wasser des Lebens zu tun: Am Grunde ihrer Teiche wiegt Holle die Seelen der Ungeborenen in einer goldenen Wiege, und Frauen, die sich ein Kind wünschen, trinken ihr Wasser oder baden in ihren Quellen und Seen, um fruchtbar zu werden. Im Holle-Teich sitzen die *Seelchen* auf den Seerosenblättern und warten auf eine Gelegenheit, in die badenden Frauen hineinzuschlüpfen.[127] Auch Holle selbst verjüngt sich im Frühling durch ein Bad in ihrem See, um sich von der Alten zum Mädchen zu wandeln.[128]

Wir sprechen Gebete und werfen Münzen in ihre Gewässer oder bringen Holle Blumen dar. Karl Paetow erzählt in seinem Buch *Frau Holle* die wunderschöne Anekdote, wie der Don-Kosakenchor im frühen zwanzigsten Jahrhundert Blumen kaufte, um am Frau-Holle-Teich für die Göttin zu singen und ihr Blumen darzubringen. »Da schneite es weiße und rote, blaue und gelbe Blüten, und alsbald war die ganze Fläche ein gläserner, schwimmender Blumengarten.«[129]

Ebenfalls sind Berge und besonders Höhlen in Bergen Frau Holles heilige Orte. Dies sind freundliche Orte, in denen wir geborgen sind.

In Holles Aspekt als Helja oder Halja (wir erinnern uns, ihr Name bedeutet *die Bergende)* sind es die Totenhöhlen, in die wir nach dem Tod eingehen, wenn wir zurückkehren in den Schoß der Mutter. Dort sind wir gehalten und genährt wie in der dunklen, warmen Gebärmutter, bevor wir wiedergeboren werden.[130]

Es sind aber auch die Paradieshöhlen, in denen die Vereinigung[131] mit der Göttin stattfindet: Frei von patriarchalen Konzepten von Sünde und Scham findet hier die Initiation in die

Liebe statt, die größte spirituelle Körpererfahrung, die uns Menschen möglich ist: Holles Kraft im eigenen Körper zu erfahren und in der Ekstase eins mit ihr zu werden.

Die Initiationen in Holles heiligen Bergen sind nicht immer sexueller Natur. In der Geschichte *Die blaue Blume von Tirol* tritt Holle als Kulturbringerin auf. Sie ruft einen jungen Hirten durch ein gläsernes Tor in eine prachtvolle, glänzende Kristallhöhle. Er begegnet den saligen Fräulein, Holles Priesterinnen und Dienerinnen, mit Alpenrosen im Haar, und schließlich der Göttin selbst. Holle lässt ihn seine Gabe selbst wählen. Der Hirte besteht die Prüfung und wählt die Flachsblume. Holle lehrt ihn, Lein zu kultivieren, zu spinnen und Stoff daraus zu weben. Das »profane« Anbauen, Ernten, Brechen und Spinnen von Flachs und dem Weben ist neben dem Handwerklichen zugleich das Pflegen der Lebenszyklen und das Teilhaben am Weben des Schicksals.

Nicht nur Männer, sondern auch Frauen werden zur Initiation in die heiligen Berge gerufen, wie die Geschichte *Die Herrin vom Rosengarten* zeigt. Die Säle, die hellen, prächtigen Kristallhöhlen voller Musik, Gesang und Magie, sind uns bereits vertraut. Dann bringen Zwerge und Priesterinnen der Initiandin in Holles Auftrag Gaben, Wolle und Garne, und lehren sie die Webkunst. Für die Frau geht es um die Einweihung in die Kraft und den Machtbereich der Frau, die dadurch selbst Göttin ist: das Weben der Schicksalsfäden und der Geschicke derer, für die die Frau verantwortlich ist.[132] So werden Frauen und Männer durch die Ausübung der von Holle geschenkten Tätigkeiten zu Priesterinnen und Priestern, Dienerinnen und Dienern der Göttin. Der Alltag hat sakrale Bedeutung, das alltägliche Leben wird in der Einheit mit der Göttin zum magischen Alltag. In Bewusstsein dieser Tatsache sind wir jeden Augenblick Priesterinnen, und zu jedem Zeitpunkt mit der Göttin verbunden, deren magische Kraft in uns und durch uns wirkt. Es gibt Berichte aus dem 19. Jahrhundert über die Schwingtage (ein Zeitraum von mehreren Tagen im Oktober, wo Frauen die Flachsstengel unter ganz genau festgelegten Liedern und Riten zu Fasern verarbeiten), aus denen deutlich hervorgeht, dass diese ihren Ursprung in Mysterienfeiern[133] der Großen Göttin hatten. Dabei klingt die Heimkehr »in den Mutterschoß, um gekräftigt und gestärkt wiederzukehren«[134] in den Schwingtagen noch ganz ungezwungen an.

Holles berühmtester Berg ist der Hohe Meißner in Hessen. So wie Holle im Zentrum des Rades sitzt, befindet sich grob in der Mitte Deutschlands eine ganze heilige Landschaft, wo jeder Stein und Strauch mit Holle verbunden ist.[135] Unter anderem finden sich am Hohen Meißner die *Kalbe,* eine Basaltkuppe, die den Holle-Teich überragt. (Das Wort Kalbe geht, so Göttner-Abendroth, auf das indoeuropäische Wort *guelph, guolph* zurück, was *Gebärmutter* bedeutet. Und der tiefer gelegene Teich ist der

Die Kitzkammer am Hohen Meißner, wo der Überlieferung nach die Katzen (Priesterinnen) der Holle leben

Schoß der Göttin, aus dem die Seelen wiedergeboren werden.) Es gibt auffällige Steine und Steinformationen mit Namen wie *Altarstein* oder *Frau Hollen Stuhl* (von dem berichtet wird, dass hier die Göttin in ihrer Gestalt als Liebende sitzt und ihr Haar kämmt – in Zusammenhang damit steht der Name der Wiese, auf der sich der Stuhl befindet: *Morgengabe)*,[136] die *Kitzkammer* (eine Basaltformation in einer Felsspalte, in der Holles Katzen leben – vgl. Abschnitt *Holles Tiere)* oder die *Weiße Wand* mit der nahegelegenen *Badestube* (eine Felswand und ein kleiner Teich, der der Überlieferung nach derjenige Ort ist, an dem Holle nach ihrer Wilden Jagd in den Rauhnächten mit ihrem Gefolge in den Berg einzieht). Das gesamte Ensemble am Hohen Meißner ist Teil einer Kultlandschaft, in der Holle in ihren verschiedenen Formen verehrt werden kann.

In der Umgebung des Holle-Teiches finden sich inzwischen viele kleinere Schreine und Altäre jüngeren Datums. Göttinnenverehrende legen Spiralen und hinterlassen Spuren von Zeremonien, wie Blumen, Räucherstäbchen, Kerzen, kleine Gaben. Hier ist ein lebendiges Kultzentrum, an dem die Göttin verehrt wird. Der Tourismus[137] weiß dies durchaus zu nutzen und pflegt unter anderem den Naturpark Frau Holle, den Frau Holle-Rundweg, den Frau Holle-Park, ein Frau Holle-Museum und das Holle-Labyrinth. Bei all dem wird Holle nie auf eine Märchenfigur reduziert, sondern immer erscheint sie zugleich als Göttin. Dies ist ein wunderbarer Ort in der heutigen Zeit, wo die Holle sichtbar ist: als die lebendige, machtvolle Große Göttin.

Meine persönlichen Lieblings-Holle-Berge sind der Godesberg und der Venusberg in Bonn. Ich bin überzeugt, dass die bemühten etymologischen Herleitungen für Venusberg von *Fenn-Berg* und Godesberg von *Woudensberg* als *Wotansberg* vielleicht unbewusst, aber mit Sicherheit absichtlich von der Göttin ablenken sollen. Die Kombination von zwei Göttinnennamen ist schon sehr auffällig, und deswegen fühlte ich mich die sechs Jahre lang, die ich mit meiner Familie in Bad Godesberg am Fuß des Venusberges gelebt habe – behütet von zwei Holle-Bergen – sehr gesegnet.

Holles Tiere

Holles Tiere sind unter anderen der Marienkäfer, der Storch, der Rabe und die Katze.

Im Zuge der Christianisierung gingen viele Züge, Eigenschaften und Attribute der Göttin, ohne die die Menschen einfach nicht sein konnten, auf Maria über, weshalb ich Maria gerne liebevoll eine »verdünnte Göttin« nenne. Der Marienkäfer weist daher schon im Namen auf die Große Göttin hin. Darüber hinaus trägt er ihre Farben schwarz, weiß und rot. In der Hollegeschichte *Das Erdwürmchen*[138] ziehen Marienkäfer Holles Wagen durch die Luft. Der Marienkäfer ist ein Glücksbringer, der uns im Garten oder im Haus den Segen der Göttin bringt.[139]

Ebenso trägt der Storch die Farben der Großen Göttin. Er ist einer der Boten der Göttin, der, wie schon Schwan oder Hase, zwischen den Welten reisen kann, und seine Aufgabe ist es, auf Holles Geheiß die ungeborenen Kinder aus dem Wasser (das heißt aus der Anderswelt) zu holen und zu ihren Eltern (also in die diesseitige Welt) zu bringen. Was uns heute als unbeholfene

Der Storch trägt als Holles Bote die drei Farben der Göttin: Schwarz, Weiß und Rot.

Weise erscheint, Kindern eine Antwort zu geben, ohne ins Detail gehen zu müssen, ist in Wahrheit ein ganz altes Motiv. Hier mischt sich die Beobachtung, dass sich Störche oft an Gewässern aufhalten mit der Vorstellung von Holles Wasser des Lebens. Der Storch ist Holles heiliger Seelenbote. Nach Göttner-Abendroth bedeutet Adebar, sein altdeutscher Name, *Segenbringer.*[140] Daneben verkörpert er, ebenso wie Kranich und Reiher, als Zugvogel das zyklische Prinzip des Göttinnenweltbildes.

Holle sind außerdem Katzen heilig. Sie selbst nimmt manchmal die Gestalt einer wilden Katze an oder wird von einer weißen Katze begleitet.[141] In der Kitzkammer, der Katzenkammer, hält Holle der Überlieferung nach ihre heiligen Katzen. Diese Katzen sind Holles Dienerinnen. Manchmal heißt es auch, dass Holles Priesterinnen sich in Katzen verwandeln und die Kitzkammer demzufolge das Priesterinnenhaus sei.

In vielen Kulturen rund um die Welt sind Raben und Krähen die Begleittiere der dunklen Göttin. Hier bei uns gelten Raben vor allem als Tiere Odins. Die meisten heutigen Heidinnen und Heiden wissen, dass auf seinen Schultern zwei Raben sitzen, *Hugin* und *Munin* (Gedanke und Erinnerung), die jeden Tag hinaus in die Welt fliegen, und ihm alles berichten, was sie gesehen haben. Weniger bekannt ist jedoch, dass es die Riesin Huld, eine der frühesten Erscheinungsformen von Holle, war, die ihm die beiden Raben geschenkt hat – und dass Hugin und Munin vorher ihr gehörten. Alles beginnt mit der Göttin. Alles kommt von ihr. Sie macht uns zu dem, was wir sind. Selbst Odin stellt keine Ausnahme dar.

Holle im Jahreskreis

Holle wandelt sich im Jahreskreis: Zu Samhain ist sie *Hel, Helja, Holl*, die Todesbotin, die Verborgene und Bergende, Unterweltsgöttin in ihrem unterirdischen, mit Gold und Brokat geschmückten Totenreich. Wir ziehen uns zurück, halten Innenschau und prüfen, was uns nicht mehr dient und was sterben darf. Holle/

Helja kommt zu uns als schwarze Krähe, deren Ruf durch die Luft schallt, um uns an ihre Gegenwart mitten im Leben zu erinnern. Unsere Verbindung reißt niemals ab. Sie hält uns in der leuchtenden Dunkelheit.

Zu Mittwinter erscheint sie als *Frau Holle, Luftholle*, die die Wilde Jagd in den Rauhnächten anführt. Sie ist die Seelenführerin, die die Gestorbenen und Ungeborenen in ihr Reich heimholt.[142] Sie ist das Alte Winterweib, diejenige, die die Erde gefrieren lässt und mit Schnee bedeckt, damit sie ruhen kann. Dabei legt sie unter der Frostdecke jeder schlummernden Pflanze bereits den Traum von Frühlingshimmel ins Herz.[143] Das eben ist die Kraft der Jahreszeit: Stille, Ruhe, Nichts-Tun, aber Sammlung und Zeit für Traum und Vision.[144] Wir hören sie in den nächtlichen Stürmen und spüren sie im eisigen Wind und im Frost, der das Land mit silbrig-weißen Sternen überzieht.

Zu Imbolc nimmt Frau Holle in ihrem See ein Bad und verjüngt sich, wird zu *Holda/Holla*, die Erneuerung und Verjüngung bringt. Wir rütteln sanft an den kahlen Birn- und Apfelbäumen und sprechen dabei folgende, alte Worte: *Bäumchen, wach auf, Frau Holle kommt!*[145] Wir sehen sie als Weiße Göttin in den ersten Schneeglöckchen nach dem Winter und in dem Licht, das uns jetzt schon merkbar jeden Abend ein paar Minuten länger geschenkt ist.

Zur Frühlingstagundnachtgleiche blühen die Apfelbäume wie die weiße Göttin selbst, die sich nun zur *Feuerholla* wandelt und mit ihrer lebensspendenden Fruchtbarkeit das ganze Land durchströmt (vergleiche die vielen alten Ostarabräuche). Sie kitzelt in leuchtendem Gelb und Rot von Ostaraglocken und Tulpen unsere Sinne wach und lässt uns an sonnigen Frühlingstagen ihre Feuerenergie spüren. Die warme Luft streichelt unsere Haut, wenn wir nach der langen Kälte endlich zum ersten Mal wieder kurzärmelig hinausgehen, und beginnt bereits die Schwingung unserer erotischen Energie für Beltane zu erhöhen.

In den Mainächten, zwölf heiligen Nächten, die den Rauhnächten gegenüberliegen, lädt *Hulda/Huldra* zum Wonnetanz und zur heiligen Vereinigung in den Venusberg. Der Duft von

Rosen umgibt sie. Ihre blonden Haare und ihre Gesänge weisen die skandinavischen Huldern eindeutig als Verkörperung der Liebenden Göttin aus, weshalb ich Holle zu Beltane gern Huldra nenne. Doch auch der Name Hulda passt hier sehr gut. Der alte Ausdruck *jemandem seine Huld erweisen* ist heute hauptsächlich aus christlichen oder islamischen Texten bekannt und wird in Zusammenhang mit Gott oder Allah benutzt. Tatsächlich kann der Ausdruck jedoch auch bedeuten, jemandem die körperliche Liebe zu gewähren. In dieser Zeit ist es für viele Menschen sehr leicht, die Göttin zu spüren. Wir alle spüren das Leben in uns pulsieren, teilen dieses Erleben mit allem was lebt. Um uns herum ist das Grün am frischesten, die Blüten am leuchtendsten und zahlreichsten. Wenn sich das Leben verschwenden will, gehen wir mit dieser Energie, kommen in Liebe oder Ekstase zusammen und spüren Hulda/Huldra unmittelbar im eigenen Körper. Darin sind wir Teil der Welt der Göttin, wir sind in ihrem Venusberg und alle miteinander verbunden.

Zu Mittsommer befinden wir uns noch immer in der Hoch-Zeit der Fruchtbarkeit. Das Maß der sexuellen Lebensenergie ist hoch, steigt aber nicht mehr weiter an. Überall in der Natur blüht und wächst und grünt es üppig: Die lebensspendende Energie der *Wasserholle* fließt durch das Land. Sie holt die ungeborenen Seelen zur Inkarnation vom Grund ihrer Seen an die Oberfläche herauf. Wir baden in ihren Teichen und Flüssen und finden dort Erfrischung an heißen Sommertagen. Wir tauchen ein in ihr Meer der Emotionen und lassen unsere Gefühle zu, denn ein Leben ohne Emotionen ist eher Tod denn Leben.

Zu Lammas wird sie zur großen Mutter. In römischen Inschriften aus dem 2. und 3. Jahrhundert ist der Name *Hludana* als Name einer germanischen Göttin überliefert. Diese wurden in Friesland, in der Eifel und am Niederrhein gefunden, vornehmlich also im Südwesten/Westen (oder westlich vom heutigen) Deutschlands, der Himmelsrichtung der Göttin als Mutter. Manchmal wird der Name auch Huldana geschrieben, denn in Hludana steckt wieder *huld, hold, Holle*. Hludana kommt zu uns mit ihrem schwangeren Bauch, das Leben nährend und rund wie die fruchtbare Erde, im Spätsommer, wenn der Beginn der Ernte bevorsteht. Wie spüren sie in der Wärme des goldenen Sonnenlichts und sehen sie in den goldenen Getreidefeldern.

Zur Herbsttagundnachtgleiche nimmt Holle ihre Gestalt als *Erdholle* an, die uns mit der Ernte, der Manifestation unserer Vision segnet. Wir sehen sie in jeder glänzenden Nuss und jeder leuchtenden Beere, die wir pflücken, in jeder Eichel und Kastanie, und wir bringen die Dinge in unserem eigenen Leben zum Abschluss. Denn wir sind Teil ihrer Zyklen, geerdet und verwurzelt in ihrer Welt. Die Erdholle zeigt sich auch in den leuchtenden Farben der Herbstblätter, die die Bäume bald abwerfen. Damit beginnt auch für uns wieder die Innenkehr und die Zeit des Loslassens – ohne Angst, so wie die Bäume ihr Laub abwerfen – und der Weg in die Stille, um eine neue Vision empfangen zu können, wenn sich der Winter über das Land senkt und die Erdholle zu Helja, zur Luftholle wird. Das Rad dreht sich unablässig und ein neuer Kreislauf beginnt.

Holle verehren

Finde Holles Orte in deiner Nähe: Seen, Berge und Höhlen. Besuche den Hohen Meißner. Verbringe Zeit auf Holles heiligem Land. Bringe ihr Gaben dar, lasse Blumen auf der Wasseroberfläche treiben, singe für Holle und bete zu ihr. Danke ihr, bitte sie um ihren Segen und preise sie, wann immer du Holles Symbole siehst, wenn du an einem Holunderstrauch vorbeikommst, einen Apfel siehst oder einen Marienkäfer oder Storch, eine Krähe oder Katze. Mache dir bewusst, dass Holles Magie in allem, was du tust, durch dich wirkt – wenn du liebst und nährst und für dich oder andere sorgst, wenn du gestaltest und erschaffst, wenn du beendest und zerstörst, wenn du ruhst und träumst. Ruf ihre Anwesenheit in deinen Körper, wenn du Liebe machst, spüre ihre Energie in deinem Leben.

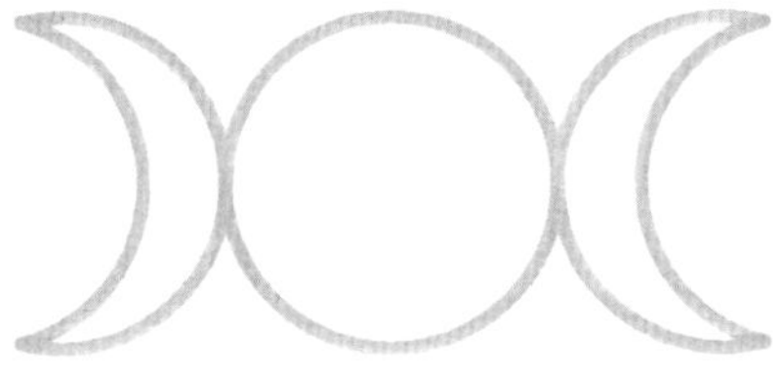

MIT DER GÖTTIN LEBEN

In der Priesterinnenausbildung ist es mir wichtig, meinen TeilnehmerInnen zweierlei zu vermitteln: erstens, dass die Göttin lebendig ist und nicht nur in vergangenen oder fremden Kulturen zu finden. Da sie lebendig ist, kann sie nicht erfahren werden, wenn man sich nur theoretisch mit ihr befasst. Sie kann sinnlich im Körper erlebt werden, wenn wir ihre Namen singen, ihre Energie tanzen und ihre Geschichten erzählen. Ihre Verehrung muss gelebt werden, praktisch angewandt. Dann kann sie uns berühren und sich uns zeigen.

Das zweite, was mir wichtig ist, ist, dass sie sich jedem Menschen ganz unmittelbar zeigt, und unterschiedliche Weisen nebeneinander bestehen können. Die Göttin hat Zehntausend Gesichter und Namen. In diesem Buch habe ich das Jahresrad der Göttin vorgestellt, mit dem wir in der Priesterinnenausbildung arbeiten.

Zu Beginn all unserer Arbeit als Priesterinnen, seien es Zeremonien, Workshops, Heilungssessions oder sonstige Treffen, schaffen wir einen heiligen Raum, in dem wir von der Göttin gehalten sind. Dazu laden wir alle Göttinnen des Rades oder die Göttin in all ihren Aspekten ein, bei uns zu sein. Das Göttinnenrad in seiner jetzigen Form ist das Ergebnis meiner Arbeit der letzten fünf oder sechs Jahre. Dabei hat es sich in der Vergangenheit oft gewandelt, verändert und weiterentwickelt. Die Große Göttin, Holle, ist ewig wandelbar. Und so wird sich auch das Jahresrad fortentwickeln, so wie sich mein Verständnis der Göttin verändern und vertiefen wird. Und auch der Austausch mit den Teilnehmerinnen der Priesterinnenausbildung und mit meinen Priesterinnenschwestern ist wichtig und wird das Rad weiter gestalten. Denn die Göttin ist lebendig und kraftvoll, und, ich muss es noch einmal sagen: Sie teilt sich jeder/m einzelnen von uns unmittelbar mit.

Um die Göttin zu finden, bedarf es nur eines offenen Herzens und offener Augen, des Wunsches, sie zu erleben, und etwas Zeit, ihr die ungeteilte Aufmerksamkeit zu schenken. Finde einen Platz in deiner Wohnung, deinem Haus, wo du ihr einen Altar einrichten kannst. Schmücke ihn mit Symbolen, Figuren und Bildern der Göttin.

Nimm dir jeden Tag etwas Zeit, dich an deinen Altar zu setzen, eine Kerze zu entzünden und etwas Weihrauch zu verbrennen, und dann bete zur Göttin. Danke ihr für alles, womit sie dich in deinem Leben segnet. Biete ihr alles, was dich belastet, als Gabe dar. Verbinde dich mit dem stillen Zentrum in dir und lausche darauf, was in dir ist. Wörter, Bilder, Einsichten, Gefühle... sie alle sind Botschaften von ihr. Du kannst den Altar der Jahreszeit entsprechend gestalten und ihn zum Beispiel der Göttin in ihrem Aspekt der Mutter der Luft weihen, Perchta, Ana, Frau Holle. Wenn du Mitte, Ende Januar spürst, dass sich die Energie wandelt, gestaltest du deinen Altar mit den Symbolen und Bildern der Mädchengöttin um und weihst ihn Idun, Skadi, Brigida, Holla als Mädchen. Durch die Wochen und Monate wirst Du, wenn es auf das nächste Göttinnenfest zugeht, wieder spüren, wie die Energie sich ändert und dass es Zeit wird, den Altar umzugestalten. So wird dein Altar ein Anker für dich auf deiner Reise durch das Jahresrad mit der Göttin.

Spüre die Göttin in den Jahreszeiten, im Wetter und im Land. Gehe hinaus in die Natur und finde die Orte der Göttin. Recherchiere die Sagen und Mythen, die die Berge, Höhlen, Wälder, Seen und Flüsse in deiner Nähe umgeben. Finde die Geschichte unter der Geschichte – wenn von Hohen Frauen, christlichen Heiligen, Feen oder sonstigen Sagenfiguren die Rede ist, ist es nicht unwahrscheinlich, dass du alte Göttinnenmotive gefunden hast. Sieh dir ebenso die Bräuche deiner Region an. Und vertraue deiner Intuition, gerade dann, wenn du keine Göttinnenmotive finden kannst. Wenn es eine Stelle im Wald oder eine Höhle oder etwas Ähnliches gibt, die dich anspricht, dann setze dich dort hin, selbst wenn es keine Göttinnenüberlieferung gibt. Rufe die Göttin, verbrenne Weihrauch, und lasse sie zu dir kommen.

Es gibt kein Falsch. Ein Göttinnenort wird nicht dadurch legitimiert, dass schon jemand vor dir dort die Göttin verehrt hat. Die Göttin ist lebendig und groß, sie kann überall zu dir kommen. Auch in der Stadt kannst du sie überall finden. Straßennamen greifen oft alte Flurnamen auf, die auf Göttinnenorte und -riten hinweisen. Kirchen und Kapellen stehen oft auf vorchristlichen Kultplätzen, alten Göttinnenorten. Worauf es ankommt, ist, diese Orte aufzusuchen. Diese Orte zu recherchieren ist nur der Anfang, man muss sie auch erleben, besonders zu verschiedenen Tages- und Jahreszeiten und besonders natürlich zu den Göttinnenfesttagen. Mit dem Herzenswunsch, der Göttin zu begegnen, zu diesen Orten zu gehen, bringt uns auf eine Pilgerreise, die uns verändern wird.

Kreativität ist ein weiterer Weg, die Göttin zu erleben. Heutzutage kann man wunderbare Göttinnenfiguren, Altargegenstände und Priesterinnenwerkzeuge kaufen. Der Grund, warum wir diese in der Priesterinnenausbildung selbst herstellen, ist der, dass wir auf diese Weise ausdrücken, wie sie sich uns persönlich zeigt und nicht jemand anderem (selbst wenn die Vision von jemand anderem uns ansprechen und berühren mag). Außerdem fließt ihre schöpferische Kraft durch uns, wenn wir selbst etwas herstellen, und wir erleben, dass es keine Trennung zwischen unserer schöpferischen Kraft und der ihren gibt.

Die alten, überlieferten Riten auszuführen, verbindet uns ebenfalls mit der Göttin. Räuchere in den Rauhnächten für die Göttin und decke Perchta in der Perchtnacht einen Tisch. Zur Frühlingstagundnachtgleiche bade in oder wasche dich an einem Bach oder See bei Sonnenaufgang und bitte sie, dich mit Fruchtbarkeit und Gesundheit zu segnen. Springe zur Mainacht mit deinem/r Liebsten über ein Feuer und spür sie in dir, wenn du Liebe machst.

Praktiziere im Sommer Dankbarkeit für alles, was du hast in deinem Leben, und gestalte Kornpuppen im Abbild der Göttin. Backe Brot, wobei du den Teig ebenfalls in der Gestalt der Göttin formst. Experimentiere mit den alten häuslichen handwerklichen Tätigkeiten Backen, Spinnen, Weben und mache dir ihre magische Bedeutung bewusst. Du kannst die Göttin in allen Tätigkeiten, die mit Fäden zu tun haben, finden, etwa beim Stricken oder Häkeln. Fäden werden verknüpft, Muster entstehen; Muster werden gewandelt, Fäden werden hinzugefügt oder weggenommen: das große Gewebe der Göttin, die die Schicksalsfäden spinnt, verwebt und abschneidet. Altes ausräumen und verschenken oder wegwerfen, Trennungen, Schattenarbeit und nicht zuletzt der Tod von Personen, die uns nahestehen, verbinden uns mit der Greisin, mit der Dunklen Mutter.

Mit jeder unserer Handlung sind wir immer an die Göttin angebunden. Wenn wir bewusst tun, was wir tun, und uns klarmachen, mit welcher Energie wir gerade arbeiten, sehen wir, dass wir teilhaben an der Kraft der Göttin und alles in unserem Leben durchwoben ist von der heiligen Anwesenheit der Göttin.

Wir sind nie ohne sie. *Blessed Be!*

FÜR HOLLE

Geliebte Große Göttin

Danke für all Deine Gaben, all die Segnungen, mit denen Du mich jeden Tag überschüttest. Ich danke Dir für meinen starken weiblichen Körper, in dem ich Deine Gegenwart und Deine Energie erfahren kann. Danke für Musik, Tanz und Ekstase.

Danke, Große Göttin, für mein Herz, das fähig ist, Liebe und Mitgefühl zu spüren. Danke für all meine Emotionen, die ich mit meinen Mitmenschen teilen kann.

Danke für die Liebe in meinem Leben, meinen Geliebten Gefährten und unsere wunderbaren Kinder.

Ich bitte Dich, segne die Kinder, die so voller Neugier und tiefem Verständnis mit Dir leben ohne das Konzept von Trennung. Lass sie heil und gesund bleiben. Ich leiste Dir ein heiliges Versprechen, alles dafür zu tun, dass sie glückliche, starke Menschen werden, denen wir die Zukunft des Lebens auf dieser Erde anvertrauen können. Ich verspreche, den Kindern weiterhin Deine Geschichten zu erzählen, sie Deine Rhythmen zu lehren, ihnen vorzuleben, achtsam und nachhaltig mit diesem Deinem wunderschönen Planeten umzugehen, und mit ihnen gemeinsam Deine verschiedenen Gesichter im Jahreskreis zu ehren und zu feiern. In Deinem Namen erziehe ich meine Kinder.

Bitte komm zu mir, Göttin, wenn ich mich in Frage stelle, und zeig mir den Weg, die beste Version von mir zu sein, die ich sein kann, und mein Potential zu leben. Ich danke Dir für Deine Anwesenheit in meinem Leben. Ich kann mich fallen lassen und bin voll Vertrauen, dass ich immer auf Dich zurückfalle.

Ich danke Dir für Dein Geschenk der Transformation und das tiefe Wissen, dass nichts so bleibt, wie es ist. Danke für Heilung, Entfaltung und Wachstum.

Danke für die Schönheit Deines Landes in den verschiedenen Jahreszeiten. Danke für Gefährten und Begleiter aus dem Tierreich und Pflanzenreich. Danke große Göttin, für die Schwestern und Brüder an meiner Seite. Danke für die Begegnungen und die Gemeinschaft, die gegenseitige Inspiration und Unterstützung.

Ich danke Dir, Göttin, für Blumen und Vogelgesang an einem klaren, kühlen Morgen. Danke für Lachen, für herzverbundene Menschen und gutes Essen, für Wein und Schokolade. Danke für den Wind, der zwischen Stehenden Steinen weht, für das Krachen der Wellen gegen die Granitfelsen an der Atlantikküste unter einem grauen Himmel, und für warmes klares türkisblaues Wasser auf meiner nackten Haut unter strahlendem Sonnenlicht. Danke Göttin für Nebelschwaden zwischen dunklen Baumstämmen, für Pilze, das Klopfen eines Spechts in der Ferne und Tautropfen im Moos in einem Herbstwald. Danke für gute Bücher, kuschelige Decken und Kerzen. Danke für Deine Anwesenheit im geheimnisvollen, blinkenden Sternenlicht, so vertraut und doch nicht zu greifen, und in den verschiedenen Gesichtern des Mondes.

Du bist überall, große Göttin. Immer bei mir. Geliebte Große Göttin, ich danke Dir.

Literatur

Francois Bertemes und Wolfhard Schlosser, Der Kreisgraben von Goseck und seine astronomischen Bezüge. In: Der geschmiedete Himmel. Hrsg. Harald Meller. Stuttgart 2004

Die Edda. Götterlieder, Heldenlieder und Spruchweisheiten der Germanen. Hrsg. Von Dr. Manfred Stange, Wiesbaden 2004

Markus Egg und Gerhard Stawinoga, Das hallstattzeitliche Fürstengrab von Strettweg bei Judenburg in der Obersteiermark. Mainz 1996

Riane Eisler, Kelch & Schwert. Unsere Geschichte, unsere Zukunft. Freiamt 2005

Susanne Fischer-Rizzi, Blätter von Bäumen. Legenden, Mythen, Heilanwendungen und Betrachtung von einheimischen Bäumen. München 2001

Sigrid Früh, Rauhnächte. Waiblingen 1998

GardenStone, Göttin Holle. Auf der Suche nach einer germanischen Göttin. Usingen 2002

Marija Gimbutas, The living Goddesses. London 1999

Marija Gimbutas, The language of the Goddess. London 2006 (dt. Titel: Die Sprache der Göttin)

Heide Göttner-Abendroth, Für Brigida. Frankfurt 1998

Heide Göttner-Abendroth, Matriarchale Landschaftsmythologie. Von der Ostsee bis Süddeutschland. Stuttgart 2014

Gisela Graichen, Das Kultplatzbuch. Ein Führer zu den alten Opferplätzen, Heiligtümern und Kultstätten in Deutschland. Augsburg 1997

Miranda Gray, Roter Mond. Darmstadt 2011

Harald Haarmann, Das Rätsel der Donauzivilisation. Die Entdeckung der ältesten Hochkultur Europas. München 2017

Carolyn Hillyer, Haus der Frauen. Braunschweig 2000

Kathy Jones, The acient British Goddess. Glastonbury 2001

Kathy Jones, Avalon. Der Pfad der Göttin. Uhlstädt-Kirchasel, 2012

Bernhard Maier, Die Kelten. Geschichte, Kultur und Sprache. Tübingen 2015

Felix Müller, Götter Gaben, Rituale. Religion in der Frühgeschichte Europas. Mainz 2002

Brigida und das liebe Vieh. Die Verehrung einer irischen Heiligen und ihre Wurzeln. www.wisoveg.de/wisoveg/heimatkalender-eu/2004b/98brigida.html (20.11.2017, 11:51h)

Karl Paetow, Frau Holle. Volksmärchen und Sagen. Husum 1986

Clarissa Pinkola Estés, Die Wolfsfrau, München 1993
Alexandra Pope, The Wild Genie. Bowral 2001
Sonja Rüttner-Cova, Frau Holle. Die gestürzte Göttin. Märchen Mythen Matriarchat. München 1998
Helmut Schlichtherle, Älteste Wandmalereien nördlich der Alpen. In: Denkmalpflege in Baden-Württemberg, 1/2016
Katinka Soetens, The Teachings of Rhiannon. Sacred Sexual Priestess Empowerment Part 1. Rhiannon, Goddess of Love and the Wild Maiden (E-Book). Glastonbury: Moonsong Publishing
Merlin Stone, When God was a Woman. Orlando 1976 (dt. Titel: Als Gott eine Frau war)
Renate Steinbach, Die nordgermanischen Göttinnen. 2013
Jutta Voss, Das Schwarzmond-Tabu, Zürich 1988
Vera Zingsem, Göttinnen großer Kulturen. Köln 2008
Vera Zingsem, Freya, Iduna und Thor. Vom Charme der germanischen Göttermythen. Tübingen 2010

Endnoten

1 Der schöpferischen Kraft der Göttin und der daraus resultierenden Heiligkeit der Sexualität, die im eigenen Körper erlebt werden konnte, stand nun die »Unreinheit« der Sexualität und weiblichen Körperlichkeit gegenüber. Für Frauen gab es nur noch die Wahl zwischen zwei gleichermaßen unmöglichen Rollen: die sexuelle Frau, die »schlecht« ist, verkörpert durch Maria Magdalena, und die asexuelle Frau, verkörpert durch die Jungfrau Maria. Diese zwei Orientierungspunkte hatten katastrophale Folgen für die Frau und ihr Selbstbild, ihre soziale Stellung, ihren Wert, ihre Rechte und ihre seelische Gesundheit sowie für die gesamte Gesellschaft – und damit auch für die Männer dieser Gesellschaft.

2 So z.B. eine Sammlung von Texten, die als *Das Mabinogion* bekannt ist. Darin werden in walisischer Sprache viele sehr alte, vorchristliche Motive und keltische Mythen erzählt; es wurde aber erst viel später, nämlich höchstwahrscheinlich im 12./13. Jahrhundert aufgeschrieben. Maier 2015, 101f.

3 Inhaltlich hat der *Goddess Temple* in Glastonbury, die *Goddess Conference* und Kathy Jones' Arbeit nichts mit Marion Zimmer Bradleys Buch zu tun. Trotzdem: Hätte ich damals, mit dreizehn, nicht *Die Nebel von Avalon* gelesen, hätte ich mit vierundzwanzig nicht die Ausbildung gemacht; und diese Ausbildung hat mein Leben auf eine Weise beeinflusst und zum Besseren verändert, die ich mir vorher nicht ansatzweise vorgestellt oder erträumt habe. Um so größer war für mich (und viele andere) der Schock, als Bradleys Tochter 2014 öffentlich machte, als Kind jahrelang von Bradley und ihrem Ehemann sexuell missbraucht worden zu sein – und neben ihr noch zahlreiche weitere Minderjährige. Sexueller Missbrauch von Kindern ist das absolut krankste und scheußlichste, was ich mir vorstellen kann.

Aber das Buch selbst war ein Segen für mich. Kann man das Werk vom Autor trennen? Ich weiß bis heute nicht, ob ich es in der Priesterinnenausbildung meinen Teilnehmerinnen empfehlen soll oder nicht. Es ist ein furchtbares Verbrechen. Ich habe Freundinnen, die das Buch noch einmal gelesen und auf einmal Dinge in einem ganz anderen Licht gesehen haben. Andere Freundinnen haben ihr Buch weggeworfen und ganz klar Stellung bezogen, es nie wieder lesen zu wollen.

4 Jones 2001 und Jones 2012

5 Sonja Rüttner-Cova verweist darauf, dass es generell zu matriarchalen Gesellschaften gehört, dass nach Nächten gezählt wird (Rüttner-Cova 1998, 119). Die eisenzeitlichen Kelten waren keine matriarchale Gesellschaft. Tatsächlich wurde von der Forschung lange Zeit postuliert, dass es eine matriarchale Zeit niemals gegeben habe. In letzter Zeit jedoch häufen sich die Beweise dafür, dass die früheste Hochkultur Europas, die vor-indoeuropäische Donauzivilisation, eine Gylanie, eine matristische Gesellschaft, war – also eine, in der Männer und Frauen dieselben Rechte haben (Haarmann 2017, 150f.). Frauen haben dabei eine zentrale Stellung inne, ohne jedoch die Männer sozial oder politisch zu entmachten.

Wir wissen, dass es seit dem Entstehen der indoeuropäischen bronzezeitlichen Kulturen keine matristischen Gesellschaften in Mitteleuropa mehr gegeben hat. Die Zeiteinteilung nach den Nächten ist also mit Sicherheit weit älter als die Kelten und hat ihre Ursprünge in der matristischen Gesellschaft Alt-Europas. Spuren davon haben sich in der Sprache erhalten, z.B. das englische *fortnight*, was *vierzehn Tage* bedeutet, oder die Beizeichnung *Sonnabend* für Samstag (den Abend vor dem Sonntag).

6 Die Provinz Niedergermanien, *Germania Inferior*, umfasste die westlich des Rheins gelegenen Teile von Deutschland, den Niederlanden und Belgien. Die Ubier besiedelten ab 19/18 v.d.Z. ungefähr die Gegend von Köln, Bonn und der Eifel bis nach Aachen hoch.

7 Meiner Meinung nach stammt diese Verwirrung daher, dass die Römer mit ihrem durchsortierten und sauber geordneten Pantheon zu dieser Zeit die Vorstellung einer Großen Göttin, die eine und gleichzeitig drei ist, bereits nicht mehr verstanden haben; ebenso wenig wie die heutigen provinzialrömischen Archäologen, die außer acht lassen, dass es sich bei Matrona um eine Göttin aus der *Germania Libera* handelt, die erst im ersten Jahrhundert v.d.Z. ins römische Reich importiert worden ist, als die Ubier unter Agrippa vom rechten aufs linke Rheinufer umgesiedelt wurden und versuchten, sie mit römischen Parametern zu erfassen und zu beschreiben. Als Göttin, die ursprünglich im Freien Germanien »entstanden« ist, ist aber Matrona keine Göttin aus einem komplex strukturierten System von Staats- und Familiengöttern, wie die Römer es hatten, und kann deshalb nicht in ein solches einsortiert werden.

8 Zingsem 2010, 231

9 In der Edda gelingt dies nur ein einziges Mal, nämlich dem Gott Balder.

10 Tatsächlich stellte man sich diese Reiche weniger als eine andere Dimension oder ein ganzes Land, sondern eher als richtige Häuser oder Paläste vor, in denen man nach dem Tod mit den Göttern lebte. Viele Götter und Göttinnen hatten einen solchen Palast und nahmen verschiedene Gruppen von Menschen nach deren Tode zu sich. Bekannt sind z.B. Freyas Burg *Folkwang*, in die verheiratete Frauen und eine Hälfte der im Kampf gefallenen Krieger eingehen, Odins *Walhalla* für die zweite Hälfte der gefallenen KämpferInnen, das unterseeische Reich der Ran für Ertrunkene oder Gefions Reich für alle unverheirateten Frauen.

11 Sehr schön beschrieben sind die zwei Seiten Heljas als Göttin mit zwei Aufgabenbereichen, dem physischen Tod und der psychischen Unterwelt, bei Steinbach 2013, 105 ff.

12 In ihrem Roman beschreibt Regine Leisner dieses Totenreich ausführlich als »Holls Totenhöhle«. Aus Holle und Hel wird ihr Name hier zu Holl für den Archetypus im Nordwesten. Regine Leisner, Unter dem Rabenmond. Berlin 2010

13 https://www.bz-berlin.de/artikel-archiv/wie-hexen-hexen

14 Vgl. Gimbutas 1999, 56ff.

15 Zingsem 2008, 237

16 *Knecht Ruprecht*, Früh 1998, 33-36

17 Vgl. Freyas Schwan, Zingsem 2008, 256 ff

18 Gimbutas 2006, 198-205

19 Regine Leisner, Die Rabenfrau. Ullstein Taschenbuch 2008

20 Zingsem 2010, 73-77

21 Vgl. »Die Geschichte von La Que Sabe«: Die Wüstenfrau sammelt die Gebeine der Toten, besonders von Wölfen oder Wolfsfrauen zusammen, ordnet sie, breitet die Hände über ihnen aus und singt über den Knochen – einen einzigartigen Gesang, der ihr speziell für diese eine Kreatur eingegeben wurde. Da beginnt auf den Knochen neues Fleisch zu wachsen, neue Haut und Fell und der Schwanz zuckt ungeduldig. Und schließlich springt der Wolf auf, quietschlebendig und voller Kraft, rennt davon und verwandelt sich in der Entfernung schließlich wieder in eine Frau. Pinkola Estés 1993, 40 f.

22 Beda erwähnt in Kapitel 15 *De Mensibus Anglorum* seines Buches *De Temporum Ratione,* dass die Angelsachsen das Fest in der Nacht des 25. Dezembers feierten.

23 Bertemes/Schlosser 2004, 51

24 Wunderschön beschrieben sind die alten Bräuche, die ausgeübt wurden, um der Lichtfrau den Weg in das eigene Haus und das eigene Leben zu weisen, in der Geschichte *Knecht Ruprecht*, aufgezeichnet von Sigrid Früh. Ein Licht wird entzündet, dass die ganze Nacht nicht gelöscht werden darf, mit Liedern wird die Lichtfrau gerufen, und die Haustür bleibt einen Spalt offen, damit das Licht und der Gesang nach draußen zur Lichtfrau dringen können. Vgl. Anm. 16

25 Rüttner-Cova 1998, 119

26 Die Göttin ist die Herrin über die Spinnstuben. Dort gelten ihre Gesetze. Die Spinnstuben aber könnte man als die Tempel der Göttin bezeichnen. Zunächst von den Frauen – weisen Frauen, Priesterinnen – als heiliges Handwerk ausgeführt, um mit der Magie der Göttin das Schicksal der Welt zu weben, wurde das Spinnen im Patriarchat wie so viele andere ehemals heilige Dinge herabgewürdigt. Es wurde als unwichtige, bedeutungslose Frauenbeschäftigung angesehen, die selbst in unserer Sprache negativ belegt ist: »Die spinnt!« sagen wir über eine irrationale Frau.

Tatsächlich aber waren die Spinnstuben Orte, an denen Frauen unter sich sein durften, gemeinsam Zeit miteinander verbringen und vertraut miteinander reden konnten, so dass in den Spinnstuben viel von den altem Alten Wissen, den Frauenmysterien und Göttinnenmysterien weitergegeben werden konnte. Deswegen wurden die Spinnstuben hart bekämpft. Rüttner-Cova 1998, 75 und 191 ff.

27 Die Spindel ist ein altes Göttinnensymbol. In vielen Kulturen treten Göttinnen auf, die den Lebensfaden spinnen, weben und/oder abschneiden (die griechischen Moiren, die römischen Parzen, die nordischen Nornen) oder die mit dem Spinnhandwerk assoziiert werden, wie z.B. Holle und Perchta. In Schweden war der Gürtel im Sternbild von Orion als Frejerock oder Friggerock, d.h. Freyas Spinnrocken oder Friggas Spinnrocken, bekannt. Zingsem 2008, 236f.

Im Märchen von Frau Holle spinnt sich das Mädchen die Hände blutig – ein Symbol für das erste Mondblut des Mädchens, was der Auslöser für ihre Initiationsreise zur Göttin ist (vgl. Kapitel »Die

Göttin im Zentrum«). Sie ist nun bereit, eine Frau zu werden und die Macht der Frauen (symbolisiert durch das Spinnhandwerk) kennenzulernen und anzuwenden. Ähnliches geschieht im Dornröschen-Märchen, wo die böse Fee die Frauwerdung der Prinzessin verhindern will. Doch die Greisin in Gestalt der Alten Frau im Turm reicht ihr eine Spindel, eröffnet ihr Zugang zur Welt der Frauen, und wieder tritt die erste Mondzeit ein.

28 Vgl. Zivas Apfel, Iduns Äpfel und die ganz ähnlichen, nämlich ebenfalls verjüngenden Äpfel der Hesperiden, die an dem Apfelbaum wachsen, den Gaia ihrer Tochter Hera zur Hochzeit schenkte, den Apfel des Paris-Urteils, die Apfelinsel Avalon, die Rolle des Apfelbaums im Hollemärchen von den Gebrüdern Grimm u.v.m. Zum Apfel (?) in der biblischen Geschichte von Adam und Eva vgl. *Ziva* im Kapitel »Die Liebende Göttin«.

29 Rüttner-Cova 1998, 48f.

30 Zingsem 2010, 88

31 Vgl. ausführlich zum Archetyp des Ungezähmten Mädchens: Wild Maiden, Kapitel 3 in Soetens 2014

32 Jones 2001, 40

33 Soetens 2014 Kapitel 3: Wild Maiden Mirror. Shadow Hunting

34 Die Medizin beginnt erst langsam zu verstehen, welches Wunder Menstruationsblut ist: Dieses verteufelte und tabuisierte Blut ist in Wirklichkeit reich an Stammzellen und eröffnet medizinisch vielerlei Möglichkeiten.

35 Oft wird aufgrund ihrer Darstellung mit Mondanhängern und mondgleichen Hauben Matrona auch als Mondgöttin genannt. Auch Freya steht mit dem Mond in Verbindung.

36 Die Bestimmung des Termins könnte kaum heidnischer sein: Er fällt in jedem Jahr auf den ersten Sonntag nach dem ersten Vollmond nach der Frühlingstagundnachtgleiche. Es ist kein Zufall, dass die Christen den Termin ihres höchsten Fests in die Zeit des Frühlingsbeginns gelegt haben. So konnten sie das sichtbare junge Leben und die Energie des Neubeginns und der positiven Energie mit der Auferstehung Jesu Christi verbinden, als sei die einmalige Auferstehung des gekreuzigten Jesu etwas Außergewöhnliches und vollzöge sich nicht jedes Jahr im Frühling in der gesamten Natur und unzählige Male im Leben jedes einzelnen Menschen.

37 Hennen legen dann Eier, wenn ihre Retina mehr als zwölf Stunden von Licht stimuliert wird. Heutzutage werden sie in Mastbetrieben unter schrecklichsten Bedingungen das ganze Jahr über mit elektrischem Licht dazu gebracht.

38 Außerdem ist Artio noch durch die Inschrift DEAE ARTIONI LICINIA SABINELLA auf einer Bronzeplastik aus der Schweiz belegt, die die Göttin in Begleitung eines Bären zeigt: Der Göttin Artio (stiftete) Licina Sabinella (dies).

39 Der Kraftstab der Göttin hat sich bis heute im Zepter der Königinnen und Könige erhalten, ebenso wie der Reichsapfel ein Symbol der Göttin ist und daran erinnert, dass der weltliche Herrscher ursprünglich im Dienst der Göttin steht und dem Land dienen soll.

40 Lokasenna 30-33

41 Freya ist eine der ältesten Göttinnen im nordischen Pantheon. Sie wird auch *Vanadis*, Wanengöttin, genannt. Die Wanen sind das ältere Göttergeschlecht, das von den jüngeren Asengöttern abgelöst wird. Freya, ihr Bruder Freyr, ihr Vater Njörd und ihre Mutter (möglicherweise Skadi) waren zu wichtig, als dass man auf sie hätte verzichten können, und so leben sie nach dem Götterkrieg bei den Asen weiter. Obwohl die meisten Quellen über Freya erst im 13. Jahrhundert aufgezeichnet wurden, finden wir in ihnen Motive, die vermutlich bis in die Bronzezeit zurückgehen. Die Vorwürfe der Schamlosigkeit stammen mit Sicherheit aus der späteren Zeit der Aufzeichnung, als das körperfeindliche Christentum bereits auf die Erzählungen einwirkt.

42 Vgl. z. B. die zypriotische Aphrodite. Zu weiteren Gemeinsamkeiten von Freya und Aphrodite Zingsem 2010, 109ff.

43 Grimnismal, 14

44 *Ley* steht auch in Verbindung mit *Leite*, dem alten Wort für Fernweg, den man zu Fuß beschritt (Göttner-Abendroth 2014, 119) und den *Ley-Linien*, den alten Energielinien der Erde. Der Rhein ist somit, wie viele Flüsse in der alten Zeit, ein von alter Göttinnenenergie geleiteter Fernreiseweg.

45 Göttner-Abendroth 2014, 120

46 Zingsem 2008, 242

47 Auch den Mysterienkulten des Altertums war der Grundsatz gemein, dass erst, wer durch den Tod gegangen ist, umfassende Kenntnis vom Leben hat. Nur in der modernen patriarchalen Geisteshaltung sind

Leben und Tod Gegensätze, die Gut und Böse bzw. Schlecht zugeordnet werden, und nur in dieser verurteilenden Weltsicht sind Frauen, und deshalb auch Göttinnen, entweder gut oder böse. Die Geschichte von der Loreley verweist auf ein Weltbild, in dem Tod und Leben Teil des Lebenskreises sind, beide bedingt durch das andere und Teil voneinander. Die Weise der Göttin ist die zyklische Lebensweise, in der sich Dinge wandeln, sich ablösen und irgendwann wiederkehren.

48 In der bekanntesten Version, der Wagner-Oper, findet bereits wieder die Abwertung und Verteufelung der Göttin statt, und Tannhäusers Zeit mit ihr gilt als Sünde. Tatsächlich wurde das Motiv des Aufenthalts im Venusberg jedoch schon lange vor Wagner in zahlreichen Varianten mündlich erzählt. Darauf weisen die zahlreichen überlieferten Varianten des Namens Tannhäuser (Tannhauser, Waldhauser, Danuser, u.v.m.) hin. In diesen älteren Geschichten siegt die Liebe noch über den lebensverneinenden Papst. Vgl. Göttner-Abendroth 1998, 211-215

49 Wenn Sexualität und die Freude daran verurteilt und deshalb unterdrückt werden müssen, blüht die Entstellung dieser eigentlich heiligen Kraft auf. Nur dann sind Vergewaltigungen, Verstümmelungen, sexueller Missbrauch von Schwächeren, gewaltverherrlichende Pornographie, Unterdrückung und Gewalt denkbar und möglich. In einer Gesellschaft, die Sexualität als natürlich und heilig erkennt, sind diese Verzerrungen, Verformungen nicht nötig.

50 Zingsem 2008, 251 ff.

51 Die Seidrmagie ist alt, stammt aus der Lebenswelt von Freyas eigenem Göttergeschlecht, den Wanen. Die Zauberkunst der jüngeren Asen ist die Wortmagie. Freya ist es, die den Seidr an Odin weitergibt.

52 Voss 1988, 41

53 Pope 2001

54 Voss 1988, 30 Solche Aussagen verwundern kaum, und das ist das Traurigste daran, wenn man sich klar macht, dass die Gynäkologie durch Männer gestaltet wird, die Frauenheilkunde nur theoretisch studieren, aber nicht erfahren können. Frauen können in Deutschland seit 1899 die ärztliche Approbation erhalten. Wann wurde in Deutschland zum ersten Mal eine Frau auf einen Gynäkologie-Lehrstuhl berufen? Im Jahr 1999 in München. Es hat 100 Jahre gedauert, bis zum ersten Mal ein Gynäkologie-Lehrstuhl mit einer Frau besetzt wurde!

Bis heute sind Gynäkologieprofessorinnen in der großen Minderheit. (Thomas Gerst in https://www.aerzteblatt.de/archiv/20659/Erste-Frau-auf-Lehrstuhl-fuer-Frauenheilkunde-Berufung-mit-Symbolwert 20.02.2018, 14:29h)

55 Viel Weisheit zum zyklischen Leben und zur Kraft der vier Phasen eines Zyklus findet sich in Gray 2011

56 Die große Aufgabe des Königs, das, was ihn ausmacht und ihn zum König macht, ist daher nie die Möglichkeit, Macht über andere auszuüben, sondern der Dienst am Leben. Der wahre König dient dem Land, den Menschen und Tieren darin, und damit immer der Göttin.

57 Vgl. *Vogelfrau* im Kapitel »Die Mutter der Luft«.

58 Das irische Volk der *Fomhori* war bekannt als Kinder *Domnus*, ihr Name bedeutet *die Tiefe*. Heute wird Domnu als Mutter des Wassers auf allen Britischen Inseln verehrt. Jones 2001, 106 ff.

59 Schlangen stehen in vielen Kulturen für Heilung. Noch heute ist der Asklepiosstab, ein von Schlangen umwundener Stab, der auf den griechischen Gott der Heilung Asklepios zurückgeht, das Symbol der Apotheken.

60 Auch in Alise-Ste-Rein in Frankreich ist die Verehrung Sironas durch eine Inschrift belegt. Alise-Ste-Rein ist der heutige Name des antiken Alesia, der eisenzeitlichen Hauptstadt der Mandubier. Dieser Ort ist von geschichtlicher Bedeutung: In Alesia mussten sich die Kelten unter Vercingetorix schließlich Julius Cäsar ergeben, woraufhin die römische Eroberung Galliens abgeschlossen war.

61 In der heutigen patriarchalen Verformung wird Medusa hauptsächlich als männerhassendes Monster dargestellt, dessen Blick tötet und das besiegt und enthauptet werden muss. In der Antike wurde Medusas Kraft umfassender verstanden: das Blut ihrer linken Körperhälfte galt als todbringend, während das Blut ihrer rechten Körperhälfte nicht nur heilte sondern selbst Tote wieder zum Leben erweckte. Auch ihr Gesicht war ein kraftvoller Schutzzauber. Es wurde als Amulett getragen und auf Brustpanzern (Zeus, Athene) abgebildet.

62 Vgl. Anm. 46

63 Göttner-Abendroth 2014, 99f. Göttner-Abendroth zeigt hier wunderbar die patriarchale Überformung des Göttinnenflusses und Stilisierung zum »Vater« auf.

64 Göttner-Abendroth 2014, 104, Abb. 2

65 Göttner-Abendroth 2014, 119
66 Vgl. die Verwandtschaft mit der Liebenden Göttin Loreley.
67 Göttner-Abendroth 2014, 118. Vgl. auch den Zusammenfluss der drei Flussgöttinnen Donau, Inn (ein weiterer Drachenfluss) und Ilz bei Passau, a.a.O.
68 Haarmann 2017, 169
69 http://evobioblog.de/der-evolutionsbeweis-unserem-blut/ 9.1.2018, 11:21h
70 Vgl. Ostara im Kapitel »Die Mutter des Feuers«.
71 So z.B. der Frau-Holle-Teich am Hohen Meißner in Hessen
72 Dieses Boot wurde um 320 u.Z. im dänischen Nydammoor geopfert. 1863 wurde es entdeckt und ausgegraben; es steht heute, beinahe komplett erhalten, im Archäologischen Landesmuseum in Kiel.
73 Zahlreiche weitere Quellheiligtümer, Opfermoore und -seen und die Funde daraus werden beschrieben in Graichen 1997.
74 So z. B. das Heiligtum der *Coventina* am Hadrianswall in Nordengland, wo man mit über 16000 Exemplaren die größte Anzahl römischer Münzen im ganzen römischen Reich gefunden hat, das weithin berühmte Heiligtum der *Sul* in Aquae Sulis (Bath) in Südengland, die Quellheiligtümer an den Seinequellen (hier wurde die Flussgöttin *Sequana* verehrt) und an der Quelle der Douix in Ostfrankreich, sowie an der Riesenquelle der Dux in Tschechien. Die Heilquelle Sankt Moritz in der Schweiz wurde 1466 vor der Zeitenwende, d.h. in der Mittleren Bronzezeit (!), gefasst, und ist *bis heute* ein Heilbad. Hier wurden der Quellgöttin Schwerter geopfert. (Müller 2002, 56-92)

Avalon ist eine Insel in einem See, wo die Göttin die *Herrin vom See* genannt wird. Dort, im heutigen Glastonbury, wird die Göttin in zwei Heilquellen verehrt: die Gralsquelle *Chalice Well* wird aufgrund ihres hohen Eisengehaltes, der alles kupfern färbt, auch die *Rote Quelle* oder *Blutquelle* genannt. Die *Weiße Quelle* in unmittelbarer Nachbarschaft hat einen hohen Kalkgehalt. Die Rote Quelle ist eng mit Frauenriten verbunden, mit Menstruation und dem heiligen Mondblut der Göttin, während die Weiße Quelle mit der Mädchengöttin und dem Eisprung assoziiert wird. Gleichzeitig sind beide Quellen, einem anderen Verständnis nach, Symbole für die heilige Vereinigung der Göttin und des Gottes, Frauen und Männern: das rote Wasser steht für das weibliche Mondblut und das weiße für die Samenflüssigkeit des Mannes. Ursprünglich entspringen beide Quellen in einem Tal. Es ist meiner Meinung nach signifikant, dass heute eine Straße beide Quellen voneinander trennt, was für mich symbolhaft die Trennung zwischen den Geschlechtern in den meisten westlichen Gesellschaften ausdrückt.

75 Chamelie Ardagh nennt die Alternative, wenn wir Teile unserer Emotionen nicht spüren: *leben als Plastikversion von uns selbst.* (Workshop Köln, 2016)

76 Vgl. Matrona im Kapitel »Die Greisin«.

77 Egg/Stawinoga 1996

78 Die Entwicklung verläuft analog zur Entwicklung der tiergestaltigen Göttinnen: Am Anfang war die kosmische Kuh, daraus wurde die Vorstellung einer Göttin mit weiblichem Körper aber einem Kuhkopf, danach kam die Göttin in weiblicher Gestalt mit Kuhhörnern, und schließlich erscheint sie als Göttin in Frauengestalt, die von einer Kuh begleitet wird. Am Ende dieser Reihe ist die Dargestellte keine Göttin mehr, sondern eine Heilige, z.B. St. Brigid, die die Kuh melkt.

79 Ich will hier keine überholten Rollenmodelle propagieren. Es geht darum, zu verdeutlichen, welche hohe Stellung die Mutter ursprünglich hatte. In der vor-indoeuropäischen Zeit, war das Heim rund um das Herdfeuer der Bereich der Mutter, und nur sie gewährte den Zugang dazu. Dies ist archäologisch in Gräbern aus dem 5. Jahrtausend vor der Zeitenwende der Lengyel-Kultur in Ungarn fassbar, wo solche *Mütter einer Sippe* durch besonderen Perlenschmuck gekennzeichnet sind (Haarmann 2017, 152). Zu einer Sippe zu gehören, war lebenswichtig und damit ein großer Segen, denn es bedeutete Zugehörigkeit: Man leistete seinen Teil und wurde ernährt und versorgt, und die Mutter war die verkörperte Göttin, die Geberin des Lebens und Geberin von Gaben in der diesseitigen Welt.

80 Rüttner-Cova 1998, 45

81 Wieder war es der römische Einfluss, der die Menschen im zweiten Jahrhundert u. Z. dazu brachte, in Stein zu bauen und steinerne Inschriften zu hinterlassen, ohne die der Name Caiva vergessen worden wäre. Doch sie ist eine keltische Göttin, die schon vor der römischen Eroberung verehrt wurde.

82 Die Entscheidung vieler Frauen, keine Kinder zu bekommen, ist das heilige Recht jeder Frau, und es steht niemandem zu, sich darüber ein

Urteil anzumaßen. Manche Frauen andererseits wünschen sich, ein Kind zu bekommen, und können es nicht. Dann kann die Muttergöttin uns im Schmerz und der Trauer darüber halten. Wir können eine Mutterfigur für die Kinder in unserer Gemeinschaft sein – es steht nirgendwo geschrieben, dass ein Kind nur eine weibliche Bezugsperson haben darf –, oder unsere archetypische Mutterkraft drückt sich auf andere, unterschiedlichste Weise aus: Wir übernehmen Verantwortung für und nähren unseren Beruf, Projekte, werden Halterin der Sippe/ Gruppe usw. Wir können Mutter für vieles sein, dennoch ist grundlegend klar, das biologische Kinder und Geistkinder etwas komplett Verschiedenes sind.

83 Carolyn Hillyer nennt diese zwei Stadien des Mutterseins die Fruchtmutter und die Spinnmutter, *Fruitmother* und *Spinmother*. Hillyer 2000, 29-52

84 Jacob Grimm, Deutsche Mythologie Band 1, Göttingen 1844, 286

85 Bevor sie zur Göttin der Schreibkunst und des Rechnungswesens wurde, wurde die altsumerische Göttin *Nisaba* als Kornmutter verehrt. Auch *Demeter*, die möglicherweise bekannteste Kornmutter, ist weit älter als die olympischen Götter, zu denen sie zählt, und geht auf vorgriechische, d. h. vor-indoeuropäische Anfänge zurück. Haarmann 2017, 72

86 a.a.O.

87 Die englische Bezeichnung des Festes, Lammas, leitet sich von *Oaf's Mass* ab und bezieht sich ebenso auf diese ersten Brotlaibe des diesjährigen Mehls.

88 Im römischen Gallien wurde Rosmerta neben der Fülle auch als Göttin der Heilung und der Krankenhäuser verehrt. Abundia und *Dame Habonde* sind weitere deutsche bzw. französische Namen für Göttinnen der Fülle.

89 Die Fülle der Göttin wird bei zahlreichen Göttinnen unterschiedlicher Kulturen durch das Füllhorn verdeutlicht. Auch auf einigen Weihesteinen von Matrona sind Füllhörner abgebildet.

90 Eine Gesellschaftsform, in der nicht wenige viel, und viele wenig besitzen, in der die Natur nicht ausgebeutet wird, in der beide Geschlechter gleichen Status besitzen und in der keine Kriege um Rohstoffe geführt werden, ist die Gylanie. Diese visionäre partnerschaftliche Gesellschaft stellt die Ergebnisse der Arbeit von Riane Eisler dar. Eisler 2005

Eine weitere denkbare gesunde Gesellschaftsform ist die Mother-World. (www.goddesstemple.co.uk/the-vision-of-the-motherworld/die-vision-der-motherworld/)

91 Zingsem 2010, 180

92 Die Kiste reiht sich hier nahtlos mit Kelch und Füllhorn in die Reihe der Symbole ein, die die Göttin als Quelle allen Lebens selbst symbolisieren, aus deren Schoß unablässig der höchste Segen gespendet und Leben geboren wird.

93 In streng patriarchalen Gesellschaften wird einer Frau aus sich selbst heraus kein Wert beigemessen. Ihr Wert bestimmt sich über den Status des Mannes, mit dem sie in Beziehung steht: zuerst der Vater, dann ihr Ehemann. Ihr Wert steigt zudem, wenn sie einen Sohn zur Welt bringt. In solchen Systemen stellt jede andere Frau eine Bedrohung dar: Ihr Mann kann sie durch eine andere Frau ersetzen.

Für ihren Sohn ist sie wichtig und hat möglicherweise auch ein bestimmtes Maß an Macht, aber wenn er eine Ehefrau ins Haus holt, verliert die Mutter an Bedeutung. Es ist noch nicht lange so, dass Frauen in unserer Gesellschaft alleine leben, arbeiten, wählen und sich selbst versorgen können, und die Verhältnisse, die Jahrhunderte lang bestanden haben, wirken immer noch nach. Entsprechende Ansichten und Verurteilungen werden weiterhin vermittelt.

Daher werden in patriarchalen Gesellschaften Geschichten von Konkurrenz unter Frauen (oder dass sich Schwiegermutter und Schwiegertochter nicht verstehen) als normal angesehen und weiter verbreitet. Dieses Verhalten ist jedoch nachvollziehbar, wenn man sich klarmacht, wie abhängig Frauen in solchen Systemen von den Männern in ihrer Familie sind, wo es den Männern manchmal sogar erlaubt ist, sie zu töten (ich denke an sog. »Ehrenmorde«). Diese Konkurrenz ist *kein* aus der weiblichen Natur geborenes Verhalten.

Schriftzeugnisse, Mythologie und Bilddarstellungen aus vorgeschichtlicher Zeit zeigen uns, dass Frauen in Gesellschaften mit auf Göttinnen ausgerichteten Religionen höheren sozialen Status und mehr Rechte besaßen und ihnen mehr Respekt entgegengebracht wurde. Diese Rechte werden im Gleichschritt damit, wie die Göttin entmachtet wird (Aufteilung der großen, allumfassenden Göttin in kleinere, schwächere Göttinnen, die Töchter und Ehefrauen von männlichen Göttern sind; der Wandel zu Feen, Elfenwesen, weiblichen

Heiligen; bis hin zur kompletten Unsichtbarkeit bzw. Abwesenheit im patriarchalen Monotheismus oder auch die Aufspaltung in die asexuelle, zahme Maria und die wilde Hexe), immer weiter beschnitten, bis Frauen in den strengsten Ausformungen des patriarchalen Monotheismus überhaupt keine Rechte mehr haben. Wunderbar recherchiert und dargestellt ist dieser Prozess in dem die Augen öffnenden Buch *When God Was A Woman*, Stone 1976

94 *Die ungleichen Brüder von Bleicherode* in Paetow 1986, 40

95 Steinbach 2013, 14

96 www.goddesstemple.co.uk/the-vision-of-the-motherworld/die-vision-der-motherworld/ vgl. Anm. 90

97 Gylfaginning 1

98 Oegisdrecka 20, 21

99 Vgl. Skadi im Kapitel »Die Mädchengöttin«

100 Gylfaginning 35

101 Eine auffällige Gemeinsamkeit zwischen Gefion und Freya, die über die bloße Tatsache, dass beide eine bemerkenswerte Halskette besitzen, hinausgeht, ist die Art und Weise, wie sie an diese Ketten gekommen sind: Freya hat den vier Zwergen, die ihre Halskette hergestellt haben, im Gegenzug jeweils eine Nacht geschenkt. Ebenso hat Gefion dem jungen Mann, der ihr die Halskette geschenkt hat, das Geschenk der körperlichen Vereinigung gemacht.

102 Publius Cornelius Tacitus, *De origine et situ Germanorum liber*, Kapitel 40

103 Die Kühe weisen auf das hohe Alter der Göttin und ihrer Prozessionen hin: Sie gehen in eine Zeit vor der Domestikation des Pferdes, das heißt vor die Bronzezeit und möglicherweise in pre-indoeuropäische Zeit zurück, als Kühe und Ochsen vor Wagen gespannt wurden. Ebenso berichtet Tacitus davon, dass niemand Waffen trug und alles Eisen weggeschlossen wurde; ein weiterer Hinweis darauf, dass Eisen noch das »neue« Metall war, und auf das hohe Alter der Göttin.

104 Welche das war, ist in der Forschung stark umstritten. Zu dem Zeitpunkt, als Tacitus schrieb, war es im Römischen Reich selbst erst einige Generationen her, dass die Römer selbst Menschenopfer darbrachten. Es ist möglich, dass Tacitus ein möglichst rückständiges, grausames (barbarisches) Bild der Germanen zeichnen wollte.

105 Vgl. Loreley im Kapitel »Die Mutter des Wassers«

106 Das Motiv der Männer, die die Göttin erblicken und scheinbar ertrinken, ist auch wieder eine ins Auge springende Parallele zu Loreley.

107 Es ist überliefert, dass Frauen im 16. Jh. bei der Beichte gezielt danach gefragt wurden, ob sie Mokosch verehrt hätten.

108 Graichen 1997, 245

109 Schlichtherle 2016

110 Die Orte wirken auf den Menschen. Ich habe selbst gemeinsam mit meinem sehr wissenschaftlichen Professor, der nun wirklich gar nichts mit Göttinnenspiritualität am Hut hatte, Münzen in das Opfermoor geworfen... Man weiß ja nie.

111 Überwiegend sind diese paläolithischen Figürchen als *Venusfiguren* bekannt. Dieser Begriff ist irreführend, denn er weckt einseitige Assoziationen mit römisch-griechischen Venusdarstellungen und späterem kokettierenden, aufreizenden Bedeutungsinhalt, der unser Verständnis der alten paläolithischen Göttinnenfiguren fehl lenkt. Tatsächlich muss der Begriff forschungsgeschichtlich verstanden werden: Er stammt aus dem 18. Jahrhundert und wurde von den männlichen Forschern gewählt, um nicht das Wort *nackt* verwenden zu müssen. Er beinhaltet zunächst einmal noch keinerlei Interpretation.

112 Vgl. *Mütternacht* im Kapitel »Die Mutter der Luft«

113 Zingsem 2010, 36

114 Zingsem 2010, 231

115 Rüttner-Cova 1998, 175

116 Ich danke Gudrun Nositschka für den freundlichen Hinweis.

117 Die weithin bekannten Namen aus dem Märchen *Goldmarie* und *Pechmarie* finden sich nicht in der Grimm-Aufzeichnung, sondern stammen aus der französischen Überlieferung desselben Märchens. Man beachte außerdem den Namen der bekanntesten Provinz der Niederlande, Holland, welcher im Sprachgebrauch oft für das gesamte Land verwendet wird. Die niederländischen Überlieferungen zu Holle finden sich bei Garden Stone 2002, 137-139.

118 Je nach Region trägt Frau Holle, wobei das dem Namen vorgestellte *Frau* auf die hohe Stellung der Göttin hinweist, unterschiedliche Namen: Frau Gode, Frau Harke oder Frau Herke z.B. in Branden-

burg, Sachsen-Anhalt und Mecklenburg-Vorpommern, Frau Frigg oder Frick in Niedersachsen, Frau Holle vor allem in Mitteldeutschland und Frau Perchta im Süden.

119 Eine umfangreiche Sammlung all dieser wunderbaren Geschichten findet sich bei Paetow 1986.

120 Fischer-Rizzi 2001, 207

121 Rüttner-Cova 1998, 96

122 Zingsem 2010, 46-50

123 Rüttner-Cova 1998, 44f.

124 Zingsem 2010, 40

125 Dieser historische Name ist mindestens seit 1724 urkundlich belegt. Göttner-Abendroth 2014, 61

126 Göttner-Abendroth 2014, 64

127 Am Hohen Meißner weiß buchstäblich jedes Kind darum. Sie sahen ihr eigenes Spiegelbild als Seelchen an, das ihnen aus Holles Reich zuwinkt. (Paetow 1986, 134)

128 Paetow 1986, 134 f.

129 Paetow 1986, 6

130 Vgl. *Hel-Die Göttin der Unterwelt* im Kapitel »Die Greisin«.

131 Vgl. Der Venusberg – Initiation in die Liebe im Kapitel »Die Liebende Göttin«.

132 Paetow 1986, 75

133 Rüttner-Cova 1998, 109

134 Rüttner-Cova 1998, 110

135 Wunderbar beschrieben und erläuterte bei Göttner-Abendroth 2014, 9-72 und deshalb von mir nur kurz zusammengefasst. Des weiteren beschreibt Göttner-Abendroth a.a.O. Holles weitere heilige Berge, den Kyffhäuser und die Hörselberge, ausführlich.

136 Heide Göttner-Abendroth führt wunderbar aus, welche Zeremonien in dieser Kultlandschaft denkbar sind, um an den Mysterien der Göttin teilzuhaben. Göttner- Abendroth 2014, 67f

137 Tourismus ist ein unerwarteter Verbündeter, wenn es darum geht, die Göttin heute sichtbar zu machen und ihr dabei zu helfen, wieder in die Welt zurückzukommen. Die Matronentempel in der Eifel werden instandgehalten und finanziert, weil sie Touristen anlocken, ebenso die Sironaheiligtümer im Hunsrück. Manchmal begegne ich Heiden, die dies ablehnen, aber ich finde es wunderbar. Der Sirona-

Weg ist ein Erlebnis-Wanderweg im Hunsrück und Naheland – was hindert mich, diesen als Pilgerweg abzuschreiten? Ich finde es fantastisch, dass die Betreiber offenbar gespürt haben, dass der Name der Göttin bei den Menschen irgendetwas berührt, so dass sie für ihren touristischen Wanderweg diesen Namen gewählt haben, und fühle mich gesegnet, dass es heute wieder Göttinnenpilgerwege gibt!

138 Paetow 1986, 65

139 Einer der ältesten Funde eines Marienkäfers ist ein 20.000 Jahre alter Elfenbeinanhänger aus Laugerie-Basse im Dép. Dordogne.

140 Göttner-Abendroth 2014, 63

141 Die Geschichte *Das Kätzchen mit dem Wunderknäuel* erzählt davon, wie Holle eine arme Familie belohnt, die ihre kranke Katze gepflegt hat. Paetow 1968, 64

142 Es gibt zahlreiche Geschichten, in denen berichtet wird, wie Frau Holle in den zwölf heiligen Nächten durch die Welt zieht, durch die Luft fährt, in einer Prozession, begleitet von Musik und Gesang, über das Land schreitet oder auf andere Weise durch die Nacht zieht. Frau Holle führt die Seelen in die Anderswelt hinüber z.B. in den Geschichten *Der Heimchenkönigin Überfahrt über die Saale* oder *Das Tränenkrüglein*. Von ihrer Umfahrt berichten *Frau Harke vom Havelland rettet ein Kind* und *Frau Frigg im märkischen Heideland*. In *Die ausgeblasenen Lichtlein* und *Das Tränenkrüglein* findet die Umfahrt in der Hollenacht am 5. Januar statt. Alle Geschichten in Paetow 1986

143 Zingsem 2010, 37

144 Vgl. das Kapitel »Die Mutter der Luft«.

145 Paetow 1986, 93

NEUE ERDE im Buchhandel

Neue Erde ist ein kleiner unabhängiger Verlag, und der unabhängige Buchhandel ist unser natürlicher Partner. Wir unterstützen die Initiative »buy local«.

Sollte es Lieferschwierigkeiten bei den Büchern von NEUE ERDE geben, lassen Sie immer im VLB (Verzeichnis lieferbarer Bücher) nachsehen, im Internet unter **www.buchhandel.de**

Alle lieferbaren Titel des Verlags sind für den Buchhandel verfügbar.

Sie finden unsere Bücher auch auf unserer Homepage **www.neue-erde.de** oder in unserem Gesamtverzeichnis, welches Sie gerne hier anfordern können:

NEUE ERDE GmbH
Cecilienstr. 29 · 66111 Saarbrücken
info@neue-erde.de